王安石

毁誉千年的大改革家

赵松 著

辽宁人民出版社

图书在版编目（CIP）数据

　　王安石：毁誉千年的大改革家 / 赵松著 . — 沈阳：辽宁人民出版社，2021.6
　　ISBN 978–7–205–10120–6

　　Ⅰ . ① 王… Ⅱ . ① 赵… Ⅲ . ① 王安石（1021–1086）—生平事迹 Ⅳ . ① B244.55

　　中国版本图书馆 CIP 数据核字（2021）第 000657 号

出版发行：辽宁人民出版社
　　　　　地址：沈阳市和平区十一纬路 25 号　邮编：110003
　　　　　电话：024–23284321（邮　购）　024–23284324（发行部）
　　　　　传真：024–23284191（发行部）　024–23284304（办公室）
　　　　　http：//www.lnpph.com.cn
印　　刷：北京长宁印刷有限公司天津分公司
幅面尺寸：145mm×210mm
印　　张：6.75
字　　数：144 千字
出版时间：2021 年 6 月第 1 版
印刷时间：2021 年 6 月第 1 次印刷
责任编辑：赵维宁
助理编辑：段　琼
封面设计：乐　翁
版式设计：一诺设计
责任校对：冯　莹
书　　号：ISBN 978–7–205–10120–6
定　　价：39.80 元

序　言

　　他是北宋"熙宁变法"的主要策划者；他被革命导师列宁称作"中国 11 世纪的改革家"；他提出的改革方案在中国历史上留下了浓墨重彩的一笔；他是中国历史上提出"人言不足恤"思想的第一人；他以"大无畏"的精神创造了中国变法史上的奇迹；他是中国封建社会官吏史上的一个传奇。

　　他是千百年来最受争议的政治家，也是最受百姓爱戴的父母官；他是位高权重的宰相，也是喜欢天伦之乐的普通人；他以其政治革新和思想创新影响当时，也以其文学成就彪炳千秋。

　　他就是北宋著名的政治家、改革家、思想家、文学家王安石。

　　王安石这一生，与"熙宁变法"紧紧地连在一起。然而，就是因为这场变法，近千年以来，有人捧他，有人踩他，言辞非常极端，褒贬不一。王安石成为中国历史上最受争议的宰相，变法前被称为当世圣人，变法后被骂为大奸臣。宋徽宗对他推崇备至，宋高宗却把他视为导致北宋灭亡的魁首；朱熹斥之为心怀叵测、沽名钓誉的伪君子，陆九渊赞其为"洁白之操，寒于冰霜"……

　　本书以通俗有趣的语言和充满感情的笔调，对王安石的生平事迹、功过荣辱进行了生动描述和客观评介，对其渊博的学识、坚毅的品格、执着的精神、超然的境界进行了深入浅出的介绍，力求还原历史的本来面貌。笔者在撰写过程中除以正史为基本资料外，亦参考了不少笔记、文集及野史，目的在于增加本书的趣味性与可读性，使读者多方面领略王安石这位千秋争议人物的风采。

目 录

序言

第一章 少年英俊

一、书香家庭

北宋真宗天禧五年（1021）十一月十二日，江西抚州临川（今江西省抚州市）军判官王益的宅子里一片忙碌，随着一声清脆的啼哭，一个男婴呱呱坠地。这个男婴就是日后北宋著名的政治家、改革家、思想家、文学家王安石。

民间传说王安石出生之时，家人忽然看到窗前一只獾的影子飞快掠过，所以他的小名被叫作獾郎。王安石也被民间传说演绎成"狐仙转世"。这当然是无稽之谈，很可能是后人虚构和附会的。

王益给这个儿子取名安石，字介甫。王益给儿子取名，显然是受到了谢安的影响。

谢安，字安石，东晋杰出的宰相、政治家，淝水之战的主要领导者。谢安隐居不出时，时人曰："安石不出，将如天下何？"谢安主政时，时人曰："天下苍生望谢安。"

王益为儿子取名安石，肯定是期望王安石以后能够成就大业，青史留名。王益哪里知道，如他所愿，王安石做到了。这个儿子日后成为中国历史上赫赫有名、叱咤风云的人物，甚至比谢安成就更大。

王安石的出生给王家带来了欢乐，王益对这个儿子格外疼爱，王家在临川当地不算豪门，其先世源于太原王氏，是汉朝至隋唐时期的著名士族，与陇西李氏、赵郡李氏、清河崔氏、博陵崔氏、范阳卢氏、荥阳郑氏并列为五姓七家高门。王安石的祖上在西晋"八王之乱"时为避难而迁居江南。王家在五代十国之后衰落了，入宋以后，王家没有出过什么大官，在当地不算豪门大户，既没有人登科入仕，也没有什么显赫功业，直到王安石的叔祖父王贯之，在宋真宗咸平三年（1000）中了进士，开始光耀门楣，历任大名知县、真定府通判、保州知府等官职。王贯之为官清廉，为政宽民，兴修水利，劝课农桑，得到宋真宗的嘉奖。王贯之于宋仁宗天圣二年（1024）去世，享年62岁。

王安石的祖父王用之，做过小官。王安石的父亲王益，在真宗大中祥符八年（1015）中了进士，出任建安县主簿，年方22岁，此后在地方任职多年，官至江宁府通判。王家到王益这一代，已经是书香门第了。

王益在任内，关心百姓疾苦，吏治严明，注重道德礼义教育，政绩显著。在建安县主簿任上，他不肯催逼贫民税赋，解决了赋税难收的问题而受同僚敬佩。在临江军判官任内，敢于打击地方豪强。在韶州知州任上，曾以妙策平息了一场谋乱。王益所到之处都是励精图治，为官一任、造福一方，深受当地父老乡亲爱戴，也得到了朝廷的认可。王益一生清廉，在家乡没有购置田产，仅仅靠官俸维持生活。史书记载，王益为官"一以恩信治之，尝历岁不笞一人"，意思是他为官平时很少用刑，而是动之以情，晓之以理。

王益对待治下的百姓尚且如此，对自己的孩子更是谆谆教诲。王安石出生之后几年，弟弟安国、安世、安礼、安上和三个妹妹相继出生，王家大院里越来越热闹，一群孩子整日里在院子里嬉闹玩耍。王益有时候忙完公务，也跟孩子们一起度过惬意的时光。王益对孩子们从来都是和蔼可亲，总是跟孩子们讲一些仁义孝悌的故事。王益教子有方，有一个可取之处是孩子们想读什么书，就读什么书，从来不加以限制。所以王安石在年幼时，读书很多很杂，凡是能拿到手的书，一律通读。据《宋史》记载，王安石从小博闻强记，有过目不忘的能力，文章纵笔如飞，情理俱妙。

我们知道，孩子常常将父亲当作自己的模仿对象，王益言传身教，无疑会对幼年的王安石产生很深的影响。后来王安石励精图治的精神，就明显带有王益的影子。

王安石的母亲吴氏，江西抚州金溪人，她的伯父吴敏，淳化三年（992）中进士，吴敏的儿子吴芮、吴蒙此后也相继中进士，因此吴家在抚州算得上是名门望族。吴氏生长在书香家庭，从小接受了良好的教育，知书达理。

父母的这种品格修养对王家的孩子们有着潜移默化的影响。后来，王安石兄弟七人，有四个中了进士，加上其父王益，父子一门五进士，这在封建社会并不多见，王安石的三个妹妹也都多才多艺，通晓琴棋书画。

二、岭南佛缘

宋仁宗天圣八年（1030），王益因政绩卓著而被提拔为韶州知州（相当于现在的地级市市长），10 岁的王安石随着父亲到了韶州。韶州地处岭南，故治在今广东省韶关市，在北宋属于广南东路（大致相当于今广东省，也是广东名字的由来），当时是个十分荒凉落后的地方。韶州这个地名很多人可能不熟悉，但是唐代韶州出过一位大名鼎鼎的人物，在中国佛教史和思想史上具有重要地位，他就是禅宗六祖高僧惠能。

惠能幼年丧父，家境贫寒，不识字，靠打柴卖柴来养活母亲。有一天他听到买柴的客人念诵"应无所住而生其心"这句话，若有所悟，问客人这是什么经文，客人说这是《金刚经》，弘忍大师正在东山寺（在今湖北黄梅县）讲这部经。惠能听了，安顿好母亲，就前往黄梅拜见弘忍。

弘忍故意考他："你是个南人，难道也想成佛？"惠能毫不胆怯地说："人的出生地虽然有南北的不同，但每个人的佛性都一样。人虽分南北，成佛不分南北！"

弘忍听了心中暗喜，却不露声色，让他到碓房去烧火煮饭。过了几个月，弘忍唤所有门人至堂下，说："世人生死问题是最重要的，如果只求福报，不求脱离生死苦海，自性失了，福报又算什么呢？你们各自写一首偈子给我看，我要传与衣钵。"

当时已升任上座的神秀作偈一首："身是菩提树，心如明镜台；时时勤拂拭，勿使惹尘埃。"

惠能认为这四句话，道理虽然说得很好，只是渐次法门，不合"应无所住而生其心"的清静妙修的道理，于是也作偈一首："菩提本无树，明镜亦非台；本来无一物，何处惹尘埃。"

这首偈子说，没有菩提树，没有明镜台，身心如幻影，干扰我们身心的烦恼也不存在。这首偈子把禅学漫长的修行过程，转化为当下的一念顿悟，说人的本心本性原本清净无染，只要觉悟到这一点，就可以立地成佛。

弘忍心里赞赏惠能的境界，却不当众明示。晚间他拿了一根手杖，到碓房去看惠能。惠能正在舂米，弘忍问："米熟否？"慧能说："米熟久矣，欠筛耳。"意思是我参禅功夫已熟，只是未得衣钵而已。弘忍就将手杖向米袋上敲了三下，惠能心领神会。到了半夜三更，惠能就虔诚地走到弘忍的禅房跪了下来，弘忍给他讲解了《金刚经》，将衣钵传给惠能，并叮嘱惠能离开寺庙，以免发生不测。

惠能立刻返回岭南，栖隐五年，后来到了韶州曹溪宝林寺，讲经说法近四十年，创立了禅宗，并由此诞生了佛教史上伟大的《六祖坛经》。

惠能创立禅宗是对中国佛教的一次重大革新，使佛教中国化。惠能的禅宗思想影响最深远的是"顿悟成佛"之说。他所说的"顿悟"，是指参禅修佛，无法长期地修习，只要突然领悟自己本有佛性，便是成佛之时。

因为惠能，韶州佛教盛行，成为禅宗文化的发源地。而这时刚满 10 岁的王安石正是求知欲最强的年纪，在韶州生活的三年间，佛教习俗和思想影响了王安石的一生。

10 岁的王安石对那些在他看来颇为奇特的佛教传统产生种种不解与兴趣。为此，他时常向父亲询问此类问题，王益虽然知识渊博，但有时也不能给出完美的答案，这就使得王安石对佛教产生了更加浓厚的兴趣。王安石的诗词，很大部分都与佛教有关．王安石还注释过多种佛经，可惜历经千年战乱，没有流传下来。王安石自成人之后对于佛教的喜爱从来没有改变过，并且潜心研究佛教，终其一生，与佛教结下了不解之缘。

在韶州的生活可以说是王安石少年生涯中十分重要的一段经历。韶州地处偏僻的岭南，远离中原文化影响，居住着很多被中原人视为"未开化"的少数民族，文化教育十分落后，中原地区的封建礼教在这里几乎没有什么影响。在大街上经常可以看到年轻男女拉着手走路，有的甚至勾肩搭背，随意调笑嬉戏，毫无顾忌，乱伦之事时常发生。过去的官员认为岭南民风几百年一直如此，并不加以管束。三益却不这么认为，他是受封建礼教熏陶的读书人，到任后对韶州这种风气进行了专门整治，严令禁止男女在公共场合嬉戏，如有犯者，必当严惩。很快，当地的风俗就得到明显改观。从当时社会实际情况看，王益的做法是进步的，加快了儒家思想文化在岭南地区的传播，促进了偏远地区与中原地区文化的交流融合。

王益在韶州任上还发生过一件趣事，韶州管辖的翁源县山高林密，常有猛虎出没，伤害人畜，成为当地一大祸害。王益便下令捕杀老虎。数月后，有人来报，翁源县打虎成效很大，特献上五颗老虎头给知州大人，并声称这些老虎是因为王益到任后，励精图治，政通人和，猛虎都深受感动，便自杀而死，还写了一篇溢美颂扬之词，请王益转呈上级。王益看后觉得好笑，知道这是下面人在刻意奉承拍马屁。他毫不犹豫地拒绝了，并告诉这些人以后不要再做这种事情了。

王益主政韶州三年，移风易俗、教化民众，兴修水利、发展生产，颇有政绩，不到三年，韶州大治，呈现出一片生机勃勃的景象。王益做事果断，敢于去打击那些豪门大族，维护广大底层劳动人民的利益。

此时王安石正是长知识、长见识的年龄，这三年里，他耳濡目染，从父亲对政务的处理中，从父亲与下属和家人的交谈中，学到了许多在儒家经典里学不到的东西。

值得一提的是，王益对功名利禄并不十分热衷，不喜欢阿谀奉承和投机钻营，他为官常有思退之意。王益这种淡泊名利的思想也对王安石产生了一定影响，王安石在初涉政坛的一段时间内没有去追逐官位，与王益的这种思想不无关系。

明道二年（1033）初秋，一个噩耗传来，王益的母亲去世了。王益立即向朝廷请假，回临川老家守孝三年，就这样，13岁的王安石随父亲王益匆忙踏上了返回临川的归途。

三、方仲永的故事

王益带着王安石返回临川，其间路过金溪，这里是吴氏的娘家。虽然奔丧的王益归心似箭，但是路过妻子的娘家也不能望门而过。于是，王安石和家人就暂住在舅舅家里。在金溪短暂逗留期间，王安石遇到了一个传说中的神童，对他影响很大。

吴家在金溪是名门。当时，王安石的外祖父已故，外祖母还健在。外祖母黄氏年近花甲，非常喜欢王安石这个小外孙。在询问王安石的功课学业之后，外祖母和舅舅提起了金溪当地很有名气的一位神童——方仲永。

邻村方家有个小孩叫方仲永，出生在一个农人家庭。他家里祖祖辈辈都是种田人，没有一个文化人。他长到5岁了，还从未见过纸墨笔砚。

可是有一天，方仲永突然向家里人要纸墨笔砚，说想写诗。他父亲感到十分惊讶，马上从邻居那里借来笔墨纸砚。方仲永拿起笔便写了四句诗，而且还给诗写了个题目。

同乡的几个读书人知道了这件事，都跑到方仲永家来看，一致认为他写得不错。于是这件事很快传开了，知道的人个个称奇。

从此，方仲永家热闹起来，经常有人来玩，有的当场出题要小仲永作诗。小仲永不论什么题目，都能立刻成诗，而且立意巧妙，内容雅致，文采出众，得到众人赞赏。

不久，方仲永的天生奇才传到了县里，引起了很大震动，人们都认为他是个神童。县里那些名流、富人，十分欣赏方仲永，经常出钱请方仲永作诗写字，连他父亲的地位也随着提高了。这样一来，方仲永的父亲便认为这是有利可图的好事，每天带着方仲永轮流拜访县里的那些名流、富人，表现方仲永的作诗天赋，以博得那些人的夸赞和奖励。

听说这个故事后，和方仲永差不多大的王安石对这个神童产生了强烈的好奇。而恰在此时，他在舅舅家见到了这个传说中的神童。王安石打算出个题目试试这个神童，出题后方仲永很快作了出来，但是作出的诗让王安石很失望，这首诗只能说是文句通顺，远称不上什么文采，可谓名不副实。王安石又看了方仲永5岁时所作的诗，觉得他现在毫无进步，甚至还不如五岁时，那时的诗还有一股灵动之气。王安石对这个天才少年由强烈的好奇转变为失望和惋惜。

这件事对少年王安石影响很大，他一直都记着这个叫方仲永的神童。七年后，王安石从扬州返回临川的路上，再次在舅舅家做短暂的停留，他又向舅舅打听方仲永的近况。

舅舅说，方仲永现在20岁了，他的才华已完全消失，跟一般人没有什么不同，整天下地干农活，已经不会作诗了，学会的那些字都忘光了，变成了一个平庸的人。

这件事情，对王安石震撼很大。他得出一个结论，没有什么神童和天才，成功的背后只是刻苦努力和付出。后来，居住在江宁的王安石在《忆昨诗示诸外弟》一诗中写道："男儿少壮不树立，挟此穷老将安归？"意思是，岁月如梭，时不我待，一个七尺男儿，如果不早点明确志向，等到青春年华逝去之后，留下的只是终生的遗憾。因此，王安石谢绝应酬，不再流连美景，开始闭门苦读，潜心研究学问。

方仲永的故事深深地印在王安石心里，他后来专门作了一篇文章来回忆此事，这就是流传千古的名篇——《伤仲永》。

四、游历汴京

北宋景祐三年（1036），王益守丧期满，赴京城吏部销假，16 岁的王安石随父一同前往。这是王安石第一次到京城开封府。

北宋时期的开封城，是在唐、五代时期的汴州城的基础上发展而来的。作为北宋的都城，开封不但是全国政治、经济、文化、交通中心，也是世界上人口最多、经济最发达的城市。从人口数量来说，据《宋史·地理》所载，开封在宋徽宗时有 26 万多户，近百万人口。而据《太平寰宇记》记载，开封人口最多时达 150 万以上。而在同一时期，世界上其他著名城市，如君士坦丁堡人口 30 万，京都 17 万，开罗 12 万，巴格达 12 万。

从宋仁宗即位以来，北宋进入一个相对稳定的时期，多年没有发生大的战争。文武大臣们都沉浸在歌舞升平、纸醉金迷的享乐生活中，他们的高消费刺激了商业的繁荣。宋人孟元老《东京梦华录》描述，"东华门外，市井最盛……凡饮食、时新花果、鱼虾鳖蟹、鹑兔脯腊、金玉珍玩、衣着，无非天下之奇。其品味若数十分，客要一二十味下酒，随索目下便有之。其岁时果瓜、蔬茹新上市，并茄瓠之类，新出每对可直三五十千，诸阁纷争以贵价取之"，可见供给之丰，需求之旺。

开封城里，百街千巷有数不清的妓馆、茶楼、香铺、勾栏、药房、鹰店、靴店、马行、酒肆、瓦市。为保证市场供给，开封城的南薰门，专门于辟为生猪入京通道。此门平时本是百姓殡葬车辆出城的通道，现在将每天晚上改为生猪专用通道，人们赶着上万头待宰的活猪进京。宰杀生猪的规模，放在今天也相当惊人。大相国寺每月五次庙会，是京城最大的商业交易中心，商品囊括了珍禽异兽、生活杂物、文玩字画等，盛况空前，人声鼎沸。

过年过节，人们忙于观赏庆祝活动，放眼望去，开封城里到处是"青楼画阁，绣户珠帘"，大街上停驻着无数的雕龙刻凤的马车，奔跑着名贵骏健的宝马。达官贵人的金银首饰闪闪发光把阳光都遮蔽了，女人们罗彩的衣裳和绮丽的裙裤散发出的香气弥漫在整个城市上空，欢声笑语回响在街头巷尾。管弦之音与歌唱之声交响于酒店茶楼。四面八方的使者前来朝贡，世界各国商人互通有无。四海之内的珍奇物品，在集市上应有尽有，珍宝奇玩，每一交易，动辄千万，令人啧啧称奇。山珍海味充斥着各家酒楼菜馆的后厨，人们天天游玩享乐，夜夜宴席吃喝。开封城市生活的繁华和奢侈，令我们现代的人都十分惊叹。

开封是世界上史无前例的不夜城，而开封夜市则是我国夜市的鼻祖。北宋中期以后，夜市不再受到时间的限制，冬日也有夜市。朝廷还设置街灯桥灯，方便百姓夜晚出行。夜市"店铺不可细数"，灯火通明，人声鼎沸，瓦舍勾栏，酒楼茶坊，笙歌不停，通宵达旦。北宋著名画家张择端的《清明上河图》描绘了开封街市的一角，在一个十字街口，左上方是香药铺"刘家上色沉檀楝香"；右上方是说书摊、羊肉铺、小吃摊、鲜花摊、酒店"孙羊正店"；左下方是"解库"（类似于当铺）；右下方是旅店"久住王员外家"、"香饮子"（饮料）摊。酒店"孙羊正店"大门两边的屋檐下各悬挂了两盏红纱栀子灯，地面立有三块灯箱招牌，说明晚上仍是招徕顾客的黄金时段。

开封最著名的夜市是州桥夜市和马行街夜市。州桥夜市小吃应有尽有，价廉物美，根据时令节气，煎炒、熬炖、蒸煮、凉拌，各具特色。马行街夜市比州桥夜市还要繁荣百倍，宋朝蔡绦的《铁围山丛谈》记载了马行街夜市的火爆：夜市往往营业到三更、四更，到了五更又再次开张，灯火几乎没有熄灭的时候，彻夜燃烧的烛油，熏得整条街巷连一只蚊子都看不见。东华门外小吃店魏氏鲊铺卖的东华鲊，还曾经作为御宴上的大菜。大诗人梅尧臣也写下了"客从都下来，远遗东华鲊"的诗句。夜市并非仅有吃喝。吹拉弹奏、说学逗唱、歌舞小戏、卖艺杂耍、说书卖文、填词作画、品酒斗茶……娱乐方式多种多样，雅俗共赏。

开封夜市上还出现了女子相扑，甚至还成为颇受欢迎的一种大众娱乐形式。宋仁宗曾在上元节到宣德门观百戏，还对女子相扑节目的表演者"赐与银绢"。这些女相扑手着装火爆，因为司马光后来用"妇人赢（通'裸'）戏"形容，足见北宋时期女子相扑算得上是"很黄很暴力"。

从偏远的岭南到繁华的京城，王安石看到了许多以前从未见到的事情，听到许多以前听不到的新闻，他被开封的繁华景象深深吸引了。

在繁华热闹的东京流连了半年多时间，王安石游览了开封城大部分地方，这里的繁华和京师士绅挥金如土的生活情景，给少年的王安石留下了深刻的印象。同时，王安石接触了许多著名官员，眼界大开。

五、金榜题名

景祐四年（1037）四月初，王益得到朝廷任命，任其为江宁府通判。江宁就是现在的南京，通判是知府的副手，与州郡长官共同处理政务，州郡的一切政务必须经知州、通判和长史的联合签署才可以生效实施。而通判又要负责本部门官吏政绩的考核上报工作，故又被称为"监州"，有职有权。

17岁的王安石跟随父亲第一次来到江宁，从此便与这座城市结下了不解之缘。江宁是六朝古都，自古就是东南重镇，几十年前曾是南唐都城，这样一个有深厚文化底蕴的城市，自然对王安石求学产生了积极影响。他每日刻苦读书，遍览诸子百家，还对佛经进行了深入的研习。这一时期的经历，无疑为王安石的渊博知识奠定了坚实基础。

可是，这样的日子没有持续多久。在他们一家到江宁居住的第三年，王安石的父亲王益不幸病逝于江宁通判任上，时年48岁。王益一生清正廉洁，为官多年不置产业，他的去世让这个家庭失去了支柱和依靠，王安石再也不能像以前那样无忧无虑地安心读书了。

王益去世后安葬在江宁牛首山下。从此，王安石一家就定居江宁。江宁便成为王安石的第二故乡，最终也成为他的魂归之处。

庆历元年（1041）暮春时节，王安石守丧期满。他遵照父亲的遗愿，进京参加科举考试，踏上了迈向仕途的大门。

科举制最早起源于隋代。魏晋以来，选拔官员实行九品中正制，官员大多从门阀士族子弟中选拔，世家大族子弟无论优劣，都可以做官。许多出身低微但有真才实学的人却不能担任高官。隋文帝废除了九品中正制，采用分科考试选拔官员，从而奠定了科举制的雏形。隋炀帝时，正式设立进士科，主要考时务策，就是有关国家政治生活方面的论文，叫试策。这种分科取士，以试策取士的办法，在当时虽是草创时期，并未形成制度，但把读书、应考和做官三者紧密结合起来，揭开了中国科举史上新的一页。

唐太宗贞观时增加了考试科目，当时以进士、明经两科为主，录取极严，有"三十老明经，五十少进士"之说，所以也有不少考生早已是白发苍苍却依旧参加考试。

武则天时，大量增加科举取士的人数，还首创武举和殿试。武举由兵部主考，考试科目有马射、步射、马枪、负重、摔跤等，唐代最著名的武状元是郭子仪。武则天载初元年（690）二月，女皇亲自"策问贡人于洛成殿"，这是科举考试殿试的开始，但唐代没有形成定制。唐玄宗开元年间，任用高官主持考试，提高了科举考试的地位，以言成为定制。

宋代是中国科举制发展的昌盛期。科举向广大社会阶层开放，不重门第，只要考试合格就可录取，并且增加录取名额，平均每次录取的人数为唐朝的 10 倍左右。这样一来，北宋官僚阶级队伍得到了壮大，出现了一大批优秀的政治家。宋太宗在位 21年，通过科举而得官的将近万人。当时出现了一些鼓励科考的打油诗，比如"朝为田舍郎，暮登天子堂，将相本无种，男儿当自强"。宋真宗作《劝学诗》："书中自有千钟粟，书中自有黄金屋，书中自有颜如玉"，不但被古代读书人奉为经典，也鼓励了现代学子努力向上。

北宋科举实行解试、省试和殿试三级考试制。解试有州试、转运司试、国子监试等，每三年举行一次，按一定数额，将合格者解送礼部。淘汰的学生不能参加礼部的考试。礼部考试在秋季进行，称为"秋闱"，被录取后则参加来年春天的殿试，称为"春闱"。宋朝与唐朝的差别，是在省试之上另增殿试。宋太祖创立殿试制度，举人经礼部试（省试）之后，必须再通过皇帝亲自主持的殿试才算合格。这样，被录取的人便成为"天子门生"。只有殿试合格，方算登科，第一名就是状元了。殿试所定的名次可与省试不同，由考官阅卷，皇帝裁定。宋仁宗时演变为殿试只是决定重排名次，不再黜落省试合格者。

宋仁宗庆历元年（1041），这一年参加科举的人特别多，年初京城的各个旅馆便住满了，礼部不得不奏请朝廷，临时增加了一些考试场所，考试才得以顺利进行。王安石住在太学附近的一个旅馆里。

在这段时间里，王安石遇到两个朋友，一个叫李通叔，一个叫曾巩，李通叔比王安石大 7 岁，曾巩比王安石大 2 岁。王安石经常与他们一起讨论经史百家、天下大事，格外投缘，有时谈到半夜三更，才各自休息。

曾巩和王安石是同乡，两家还有姻亲关系。王安石夫人吴氏的祖母曾氏，是曾巩祖父曾致尧的女儿。曾、王两家有着密切来往，曾巩的父亲曾易占曾经跟王安石的父亲王益研习学问。但曾巩和王安石在童年、少年并无接触。直至景祐三年（1036），曾巩赴京赶考，才与随父在京的王安石相识，彼此倾慕，结成挚友。

然而考试无常，李通叔在太学考试的第一关就被淘汰了，李通叔只得告别王安石，回乡探望父母。

令王安石万万没想到的是，这次告别竟成永别。李通叔在归乡途中因河水暴涨翻船溺水而亡。一年后，王安石才知道这个消息，满怀深情地写下了《李通叔哀辞并序》。

庆历元年（1041）秋天礼部考试中，曾巩也不幸落榜，辞别王安石悻悻而归。两个朋友相继离去，只剩下王安石一人，他积极备考，从秋闱到春闱的几个月里，他焚膏继晷，学业日进。转眼就是庆历二年（1042）春天的殿试。王安石在殿试时，试卷答得非常出色，主考官看完交口称赞，当时内定为第一名，如果不出意外，王安石就是状元。

古代读书人勤学苦读，为的就是出人头地。想要出头，没有捷径，只有一条路可走，就是参加科举考试，如果能高中状元，就相当于拿到了最高学业奖。但这个学业奖很不好拿。可怜这些莘莘学子，十年寒窗苦读，好不容易有个出头的机会，过五关斩六将，终于踏过万千人挤进了前十强，最后还得过了皇帝这关。万一皇帝那天不开心，不照常理出牌，到手的鸭子会飞的。而王安石就是这个弄飞鸭子的倒霉蛋。

王安石文笔老练，见解独到深刻，深得主考官的青睐，所以最初的名次是：第一名王安石，第二名王珪，第三名韩绛，第四名杨寘。按照宋朝科举规定，阅卷官要将前十名的卷子拿给中书省和枢密院的长官看，最后再让皇帝过目，最终的决定权还在皇帝。

十张卷子呈上来，宋仁宗按顺序依次审阅，第一个当然看王安石的。王安石的卷子字迹工整，文章写得非常好，宋仁宗边看边点头。看着看着，宋仁宗突然眉头一蹙。这个细节没有逃过主阅卷官的眼，心里一惊，感觉会有事情发生。果然，宋仁宗小声嘟囔了句："孺子其朋？孺子其朋？"

主阅卷官猛然想起这"孺子其朋"的典故来。此语出自《尚书·周书·洛诰》，本是周公辅政时对侄子周成王说的话，意思是："你这年轻的小孩啊，今后和群臣要像朋友一样融洽相处"。这话显然犯了大忌，一个年轻人竟敢以长辈的口吻教训皇帝，而且这皇帝还是已经在位24年、年近不惑的"老"皇帝，太不知天高地厚了。

主阅卷官的汗都下来了，一边忙用袖口擦拭，一边搜肠刮肚，准备皇上发怒时，好好为自己的疏忽辩解一番。不过，宋仁宗并没有发怒，只是将王安石的试卷丢在了一边，摇着头说："这个人还不够状元的资格。"

这次实在是王安石的运气不好。仁宗本来也只是想让他的名次退一名，可是这第二名的王珪、第三名的韩绛都是在职干部，按照宋朝的规定是不能成为状元的。所以，只能将原本第四名的杨寘与王安石互换名次。于是，王安石就从状元跌到第四名了。

杨寘这个人也算才华出众，早已经拿到解元和会元，如果再拿到状元，就可成就连中三元的佳话。早在还没放榜的时候，杨寘就自信满满地认为此次状元非自己莫属了，还在朋友面前夸下了海口。杨寘托关系找人打听自己的成绩，得知是第四名，此时杨寘正在和朋友们喝酒，这下在朋友面前丢了面子，况且母亲也常常说希望他考个状元，杨寘是出了名的孝子，于是他拍着桌子骂道："不知道是哪头驴抢了我的状元？"

最后放榜得知自己高中状元，杨寘是又喜又羞，喜的是他终于不负母亲所盼高中状元，羞的是他一时口快骂的驴竟落到自己身上。不管怎样，杨寘以后的日子终于可以高枕无忧了。但是谁也没想到，就在杨寘高中状元两年后，他的母亲生病去世了，杨寘伤心过度，在授官通判还未赴任之际，因为过于哀痛而不幸病逝。

庆历二年的这次殿试共取进士839人，这次科举是北宋最著名的科举考试之一，涌现了大批日后在北宋政坛上占据重要地位的人物。其中，王珪、韩绛和王安石先后都做过宰相。一甲出了三名宰相，而且这三人又是连名，这在科举史上也是绝无仅有的。

古代同一榜登第的都算同学，称作同年，考中之后，还要举办一系列庆祝活动。王安石和王珪、韩绛的接触最多，结为朋友。韩绛对别人都不算钦佩，唯独对王安石赞不绝口，认为此人有经天纬地之才，可堪大任。韩绛的弟弟韩维也与王安石结为了好友。这对王安石的一生产生了重要影响，后来神宗皇帝当太子时，韩维和韩绛是他的老师，韩维不止一次地向神宗介绍王安石的才能和人品，并推荐王安石的文章给神宗看。神宗看后，也对王安石的文风和观点很佩服，这成为王安石被重用的一个重要原因。

顺便提一下，这一年的进士还有一个不知名的人物叫黄庶，但他儿子的名气很大——黄庭坚。当时还有一个进士叫吴充，后来成为王安石的儿女亲家，也官至宰相。

在当时，有了功名的人往往受到豪门大族的青睐以至联姻。比如状元杨寘被仁宗的曹皇后看中，由她做媒把娘家真定王府的侄女嫁给了他。

进士及第后，王安石没按常理进入昭文馆、史馆、集贤院等朝廷御用单位，这些单位的主要职责是为皇帝撰写诏令，在这工作很容易与皇帝混个脸熟，得到提拔重用，这是小官快速成长为大官的最佳捷径。

然而，王安石并不是一个喜欢按常规出牌的人，他选择了另外一条路：到基层锻炼，从地方做起。

庆历二年（1042）三月末，王安石接到朝廷任命，被授予签书淮南节度判官厅公事一职，地点在扬州（今江苏扬州市）。

新的生活开始了。

第二章

步入政坛

一、初涉政坛

扬州，古称广陵、江都，位于长江与京杭大运河交汇处，有"运河第一城"的美誉。早在隋唐时，扬州就已经是繁华都市了，号称"扬一益二"。从李白的"烟花三月下扬州"、杜牧的"十年一觉扬州梦"等诗句中，可以感受到扬州的繁华景象。

宋代地方行政机构设置为路、州、县三级。扬州是淮南路的治所，即省会所在地。淮南路签书判官大概相当于今天的省政府办公厅秘书，是一个比较重要而又工作繁忙的职位。

王安石从庆历二年（1042）到庆历五年（1045），在扬州工作生活了三年时间。在此期间，王安石除了处理公务，个人生活方面还完成了结婚生子的大事。庆历三年（1043）正月，23岁的王安石在家中举行了婚礼，迎娶了表妹吴氏，也就是他舅舅的女儿。

婚后不久，王安石回到扬州，同僚们当然有一番庆贺，自不必说。婚后夫妻恩爱和睦，幸福快乐。但更令他高兴的是从朝廷方面传来一个好消息，主政20余年的宰相吕夷简下台了，范仲淹、富弼、韩琦、欧阳修等人主持朝廷军政大权。为什么会发生这么大变化呢？这还要从北宋当时面临的内忧外患的形势说起。

北宋王朝自建立到宋仁宗庆历年间，已经统治了八十余年，其间阶级矛盾和民族矛盾日趋尖锐，财政危机日益加深，大官僚、大地主争相兼并土地，造成"势官富姓，占田无限"的严重局面。土地集中的过程，就是农民倾家破产、流离失所的过程。并且，"冗官""冗兵"和"冗费"与日俱增，使北宋陷于积贫积弱、危机四伏的局势中。

朝廷的有识之士感到了危机，认为必须采取措施，摆脱困境，因而对当时死气沉沉的官僚政治进行批评，提出了改革弊政的主张。在对时政不满，要求改革的官员中，范仲淹是核心人物。

范仲淹是北宋著名的政治家、文学家、军事家，他的《岳阳楼记》是古代散文名篇，为中国人所熟知。范仲淹是苏州吴县人，从小没了父亲，因为家里贫穷，母亲不得不带着他另嫁到一个姓朱的人家。范仲淹在十分艰苦的环境中成长，他住在一个庙里读书，穷得每天只能熬点粥充饥。但他仍旧刻苦自学，有时读书到深夜，实在困得睁不开眼，就用冷水泼在脸上，等倦意消失了，继续攻读。这样苦读了五六年，终于金榜题名，做了官员。

范仲淹在朝廷当谏官，因为看到宰相吕夷简滥用职权，任人唯亲，就向仁宗大胆揭发。没想到吕夷简反咬一口，说范仲淹交结朋党，挑拨君臣关系。宋仁宗听信吕夷简的话，把范仲淹贬谪到南方，直到西夏战争发生以后，才把他调到陕西前线负责防务。

由于范仲淹军纪严明，注意减轻边境上百姓的负担，北宋的防守力量加强了，西夏和北宋打了几年仗，没得到什么好处，西夏军队不敢轻易侵犯范仲淹所统辖的地区。庆历三年（1043），北宋与西夏之间初步达成和议。这时候，朝廷因为内政腐败，加上在跟辽国和西夏的战争中军费和赔款支出巨大，财政发生危机，而宰相吕夷简对此束手无策。宋仁宗在改革呼声的推动下"遂欲更天下弊事"，于这年三月罢去吕夷简的宰相兼枢密使职事，任命欧阳修、余靖、蔡襄等人为谏官。七月，将55岁的范仲淹从前线召回到朝廷，升任参知政事（副宰相），任命富弼、韩琦等为枢密副使。宋仁宗在召对中对范仲淹、富弼等特别礼遇，并曾多次催促，要求他们赶快拿出一个令天下太平的方案来。

在一片改革呼声中，范仲淹、富弼等人综合多年来的改革意见，并加以补充发挥，于九月将《答手诏条陈十事》作为改革的基本方案奏章，呈给宋仁宗。主要有以下内容：

一、明黜陟。即对官吏升降制度进行改革，考核官吏要以政绩为标准，而不能以资历为标准，对于无才无能的官吏，应该撤换。

二、抑侥幸。即限制官员过分推荐自己的子弟做官，在宋代，往往是一人得道，鸡犬升天，一个人只要做了官，就能不停地推荐自己的子弟做官，有的家庭竟然能有几十人在朝中担任大大小小的官职，如此不但浪费国家的金钱，也不利于人才的选拔任用。

三、精贡举。即改革科举制度，首先要改革考试的内容，诗赋和策论一起考，对于前贤的经书，要把重点放在弄懂经义上，而不是要求考生死记硬背。

四、择长官。北宋承平日久，地方上的庸官贪官无数。范仲淹主张朝廷派员对他们进行考察，优秀者升，不称职者撤或降。

五、均公田。即对朝廷发给官员的公田重新进行分配，多占者退，少得者补。

六、厚农桑。即大力发展农桑，兴修农田水利，朝廷应该奖励那些对发展农桑有贡献的官员和百姓。

七、修武备。利用民兵来加强国防力量，在京城及附近地方招募民兵，让他们和正规军一起护卫京师。这些民兵，每年有三个季度耕田，一个季度进行训练。这样，不但加强了守卫力量，而且国家也不用花费太多的军费，可谓一举两得。

八、推恩信。认真落实朝廷的各项惠民政策，保证惠民政策及时到位。

九、重命令。一是朝廷下诏令时，要反复斟酌，保证这些诏令有可操作性。二是各地要不折不扣地执行，不能阳奉阴违。

十、减徭役。朝廷要努力减少不必要的徭役。

《答手诏条陈十事》是范仲淹根据自己的所见所闻长期思考的结果，可谓切中时弊。宋仁宗和朝中其他大臣反复商量后，觉得范仲淹说得完全在理，就其以诏令的形式颁发至全国，这就是著名的庆历新政。新政开始后，有才能的官员得到了发挥才干的机会，混日子的庸才不好过了，没有真知灼见、只会死记硬背或者吟风弄月的学子在科举中吃不开了，无法取得好成绩。

范仲淹还扩大了宰臣的权力，这样可以大幅度提高办事效率，避免推诿扯皮。为了撤换地方上那些毫无作为的庸官，他派按察使到各地考察。只要按察使汇报，某某官员庸碌无能，范仲淹便毫不留情地将这名官员除名。富弼见他除掉的官员太多，就劝他说："你这大笔一挥很容易，你知不知道，你一挥笔，就有一家人要痛哭！"范仲淹回答富弼说："一家人哭，当然不是好事。可是，我让这一家人哭，正是为了不让一个地方所有的人家都哭。"

范仲淹的新政一下就捅了马蜂窝。一些皇亲国戚、权贵大臣、贪官污吏纷纷闹了起来，散布谣言，攻击新政。有些原来就对范仲淹不满的大臣，天天在宋仁宗面前说坏话，说范仲淹一些人交结朋党，滥用职权。

宋仁宗看到反对的人多，就动摇起来。庆历五年（1045）正月，执行新政的范仲淹、杜衍、富弼全都被贬职出朝。韩琦挺身而出，据理辩析，但没有结果。他心灰意冷，遂自请出外，于三月被罢去枢密副使之职，以资政殿学士出知扬州。

此时的韩琦恰好成了王安石的上司领导。

省政府办公厅的工作事多琐碎，时间要求严格，这对王安石来说很不适应。王安石的作息不规律，他常常秉烛夜读，通宵达旦，睡觉起床便没了准点。因为睡得晚，家人又不忍打搅，一觉醒来往往天光大亮，临近上班时间。王安石平时就不修边幅，这个时间点儿自然更顾不上梳洗，也不吃饭，爬起来便往单位跑，最后仍难免迟到。

迟到一两次还没什么，谁都有些大事小情，说清楚了就行了。可王安石总是迟到，也不向领导说明情况，来了就开始在办公室忙碌，一副旁若无人的样子。

王安石的领导韩琦就有意见了，又见王安石一头乱发，睡眼惺忪，臆测他昨晚一定是去了花街柳巷，纵情声色，否则不会这副模样。

其实韩琦很欣赏王安石的才华，不想误了他的前程，于是就把他叫来，批评说："你年纪轻轻便考中了进士，又被朝廷委任要职，可谓少年得志，万不可因此骄傲，放纵了自己。趁着年轻还是多读点书，别让那些花花绿绿的事耽误了将来的前程。"

王安石知道韩琦误会了，自己寒灯苦读，比别人用功十倍，却落个这样的印象，拗脾气也上来了，心想你也不调查研究就妄下结论，你爱怎么想就怎么想吧。他嘴上并不解释，只含混说了句："下官知道了。"

"好，好，知错能改，善莫大焉，"韩琦以为坐实了判断，继续教诲，"好好做学问，你底子好，老夫还是看好你的。"

此后王安石依然我行我素，晚上还是看书到深夜，上班还是迟到，也还是那副邋遢样儿。韩琦为此又说过他几回，王安石仍不加解释，嘴上答应得挺好，可就是屡教不改。在他看来，韩琦如果想了解自己就一定能了解，不想了解的话说什么也没用，索性由他去了。

韩琦对王安石终于失去了信心，有次和僚属谈话，说到了王安石，竟然起身怒吼："这个王安石简直不可救药了。"

后来韩琦到底还是了解了实情，知道王安石并未花天酒地，而是每晚用功读书，就又把他叫来，语重心长地说：

"读书是好事，但也不能不注重仪表。仪表体现一个人的精神风貌，你年纪轻轻就这样懒散，将来很难成大事。"

可不管怎么说，王安石就是改不了。光邋遢也就算了，王安石还有个性，说话很直，凡事好认个死理儿，从不顾及别人的感受，也不照顾上司的颜面，有几次为工作上的事和韩琦争了个面红耳赤。之后韩琦就大撒手，不再说他，也不给他安排具体工作，反正他是来镀金的，期满后还要回京重新分配，懒得管他了。

因为王安石强硬的处事风格和怪异的言谈举止，韩琦最初的那点好印象早已荡然无存，甚至对王安石的学问也嗤之以鼻。王安石走后，有个朋友给韩琦来信，里面用了好多生僻的古字，韩琦拿着它端详许久，然后传给僚属们看，说："这信看起来真费劲，可惜王安石不在这了，否则可以让他来识别一番，他最擅长这个。"言外之意，王安石除了认识几个没用的生僻字，别无长处。

用时下流行的话来说，韩琦和王安石简直是八字不合。

不管韩琦对王安石怎么误解，如何不屑，王安石的学问是假不了的。随着时间推移，用功日久，王安石的诗文精进，在北宋文坛上崭露锋芒，一时无两，韩琦这才知道自己看走了眼，几次派人捎信给王安石，想叙叙旧，甚至还表达了要将其收归门下加以提携的意思。

老上司的官越做越大，又主动伸出橄榄枝，王安石如果接住了，前途自是一片光明。结果王安石并不买账，也不借机拉近关系，始终与其相当疏远。

不过王安石对韩琦有意见，针对的都是工作作风和执政理念，并非针对其本人。韩琦三朝为相，为人耿介，王安石还是很敬重他的，每次评论历朝宰相，他都把韩琦放在一个很高的位置，说他"德量才智，心期高远"，是个出类拔萃的好官。

韩琦死后，王安石为他写了两首挽词，其一首联云："心期自与众人殊，骨相知非浅丈夫。"其二尾联云："幕府少年今白发，伤心无路送露辒。"他对这位老上司还是很怀念的。

韩琦和王安石在扬州时还有一则"四相簪花"故事，传为佳话。

韩琦官署后园有芍药一枝分四杈，每杈各开一花，上下红，中间一圈黄蕊，称之为金缠腰，又称金带围，据说出现这种花，城内就要出宰相了。韩琦觉得很奇异，想再约三位有朝官身份的客人来一起观赏，以应四花之瑞。当时王珪、王安石都在扬州，便都叫了，还请了一位客人充数。到了第二天，那位客人忽然患腹泻不能来，正好路过扬州的陈升之前来拜访韩琦。四人聚会，各簪金带围一朵，甚为欢乐。后30年，果然四个人都曾为宰相。这就是著名的"四相簪花"的故事。

此事见于沈括《梦溪笔谈》，又见于《后山谈丛》《墨客挥犀》等多种笔记。簪花拜相，所记亦多有出入和可疑之处，例如据蔡绦的《铁围山丛谈》所载，参加的没有陈升之，而是吕公著，他是听吕公著亲口说，当更可靠。又如"后30年，四人皆为宰相"，时间上并不准确，王珪、王安石、陈升之为相，皆在熙宁二、三年，都是 20 余年后。但不论怎么说，确是反映了金带围的难得和可贵，也证明了扬州芍药确是稀世之珍的名种。

二、牛刀初试

庆历五年（1045），王安石在扬州任期已满，回京等待调用，其间他放弃馆阁职务，请求到地方为官。于是，这一等就是一年多。庆历七年（1047）五月，王安石被任命为鄞县知县。他在鄞县任上干了三年。这期间，王安石创青苗法，兴修水利，充分发挥了自己的治理才干。

鄞县在今天的浙江省宁波市，濒临大海。在北宋时，因为距离国家政治中心比较远，所以还是一个偏僻落后的地区。王安石上任当年，鄞县就遭遇了大旱。王安石经过实地考察，并向当地人咨询得知，该地在五代吴越国统治时，一直很重视水利事业，设有专门的官吏，每年都对一些河流沟渠进行疏浚治理，又修建一些水库，河流水道通畅，能够抵御比较大的水旱灾害。北宋以来，不再设置主管水利的官吏，因此水利失修，有些水道已经堵塞。夏季一干旱，水道就干涸了，影响庄稼的灌溉，百姓就会遭殃。

于是，王安石给上司两浙转运使杜杞上书，即《上杜学士言开河书》，请求治理水道。获批后，王安石带着主管水利的官吏，到鄞县各地进行实地考察，把河流沟渠的分布情况和现状重新调查清楚，以便从实际情况出发，制订出最有效而又最节省的兴修水利工程的方案，然后调动境内乡民疏浚水道。十一月时，王安石带着两名随行人员，亲自到各地去查看乡民的工作。这次检查督导工作所走的路线，被王安石记在《鄞县经游记》中。

此次兴修水利最有代表性的当数修治东钱湖。在唐宋之际，东钱湖多次被修治过。但在庆历年间，东钱湖年久失修，淤积严重，导致河床上升，蓄水量减少，天一旱时就丧失灌溉功能。王安石决定将疏浚东钱湖作为一项重点工程。他实施恢复湖界、加深湖底、围筑堤堰和设置水闸等措施，并在湖周围开垦荒田。修复后的东钱湖"灌田 50 万亩"，境内百姓"虽大暑甚旱，而卒不知有凶年之忧"。

王安石在任上发现，农民春天时青黄不接，急于耕种而手头没有钱粮，只好向富户去借，利息很高，一般的都是四分利。到秋天还利息后，再去掉上交朝廷的赋税，就不剩什么了。有一些百姓稍微遇到一点天灾人祸，因为借一次债未能及时还上，就背上沉重的包袱，有的因此卖儿卖女，倾家荡产。

王安石经过思考，制定出了一些政策，这便是熙宁变法时青苗法的初次试验。实际步骤如下：春天庄稼刚刚出苗之时，凡是急需钱粮的农户，可向本地官员提出申请，由各乡地方官吏掌握情况，在验明该户所耕种田地的实际情况后，再考虑其所申请数额是否符合实际与其将来的偿还能力，提出一个初步的意见，然后再报县主管官员批准。等到秋天粮食收获后，再归还本钱和利息，利息定为二分利，用当年新粮充实官府仓库中剩余的旧粮。这样，百姓既用较低的代价解了燃眉之急，官府的收入也增加了，吃亏的是放高利贷的人。

该政策实施后，大获成功，提高了王安石在百姓中的威望。

鄞县地处沿海，出产海盐。沿海的一些百姓，因没有田地可供耕种，不得不以打捞海盐出卖为生。一些官办的盐场为了垄断盐业生产，就千方百计制止这些百姓个体生产食盐。可是这些百姓没有生活出路，所以屡禁不绝。为禁绝私盐的贩卖，两浙转运使衙门给下属各县下发了"捕盐"令，要求雇专人逮捕出卖私盐者。为了筹集雇人的费用，两浙转运使衙门还要求各县官吏和百姓出钱，并出钱悬赏，有告发私自捞盐卖盐的给以奖赏，一时间闹得人心惶惶。

"捕盐"令下发到鄞县后，王安石只派人贴出布告，并没有实施。他还写了《上运使孙司谏书》，讲明"捕盐"对百姓的骚扰，劝转运使收回发到各县的布告。并作《收盐》诗：

> 州家飞符来比栉，海中收盐今复密。
> 穷囚破屋正嗟郗，吏兵操舟去复出。
> 海中诸岛古不毛，岛夷为生今独劳。
> 不煎海水饿死耳，谁肯坐守无亡逃。
> 尔来贼盗往往有，劫杀贾客沈其艘。
> 一民之生重天下，君子忍与争秋毫。

皇祐二年（1050），王安石在鄞县任期已满，回京城等待调用。他在鄞县留下了很好的政绩和口碑，也留下了自己早夭的长女。临走前，王安石乘一叶扁舟来辞别自己的女儿，并作诗《别鄞女》：

> 行年三十已衰翁，满眼忧伤只自攻。
> 今夜扁身来诀汝，死生从此各西东。

数年后，王安石还念念不忘鄞县的这段生活和从政经历，依然怀念鄞县的山山水水，又作《忆鄞县东吴太白山水》：

> 孤城回首距几何，忆得好处长经过。
> 最思东山春树霭，更忆南湖秋水波。
> 三年飘忽如梦寐，万事感激徒悲歌。
> 应须饮酒不复道，今夜江头明月多。

鄞县人民对王安石更是念念不忘，缅怀情深。对王安石的政绩，史志代有记载。在县衙内、广利寺均建有荆公祠，在北仑还有"王公塘"，穿山有"小斗门"等古迹。现在宁波的东钱湖边，还建了王安石纪念馆，表达对王安石的怀念。

三、基层履历

仁宗皇祐三年（1051）初秋，王安石由鄞县知县调任舒州（今安徽省潜山县）通判。通判是知州的副手，协助知州工作。

虽然通判的地位比知县高，但知县为一县之主，有很多事情可以自己决定。通判就不行了，因为决定权还是在知州手里。在鄞县时，王安石可以尝试着进行青苗贷款，可以兴修水利，甚至可以不执行上级关于"捕盐"的文件。王安石在舒州时，发现这里的百姓同样有青黄不接时生计艰难的时候，于是也想推行青苗法，但知州是个守成之人，没有听从。因此，王安石在舒州通判任内并没有大的政绩。

王安石在舒州任职的三年，几乎年年闹饥荒。眼看百姓处在水深火热之中，而自己无力解救，王安石于是写下《感事》一诗，哀叹百姓的困苦，讥刺官吏的无作为：

贱子昔在野，心哀此黔首。

丰年不饱食，水旱尚何有。

虽无剽盗起，万一且不久。

特愁吏之为，十室灾八九。

原田败粟麦，欲诉嗟无赇。

间关幸见省，笞扑随其后。

况是交冬春，老弱就僵仆。

州家闭仓庾，县吏鞭租负。

乡邻铢两征，坐逮空南亩。

取赀官一毫，奸桀已云富。

彼昏方怡然，自谓民父母。

揭来佐荒郡，標標常惭疚。

昔之心所哀，今也执其咎。

乘丑圣所勉，况乃余之陋。

内讼敢不勤，同忧在僚友。

大旱之年百姓无法耕种，求雨而不得，身为地方官员的王安石爱民忧国，急盼甘霖，作《舒州七月十一日雨》：

行看野气来方勇，卧听秋声落竟悭。

渐沥未生罗豆水，苍茫空失皖公山。

火耕又见无遗种，肉食何妨有厚颜。

巫祝万端曾不救，只疑天赐雨工闲。

在这首诗里，王安石为百姓生产生活而产生的焦急之情和对不关心百姓疾苦的腐败官吏的愤激之情溢于言表。可以想见，这时的王安石意识到权力的重要性了。

这一时期，王安石关切民生疾苦，深入民间调查，看清了豪强兼并是造成国弱民穷的主要原因，对于官场中的一些弊端和百姓困苦有了更直接的认识，所思考的问题更加深刻复杂，而他也感到自己的知识越发不够用了。于是，他更自觉地去学习一些有关治理社会方面的知识。因此，王安石白天理政，晚上读书，并将一些读书心得和思考，结合实践经验记下来，著成《淮南杂说》。

《淮南杂说》里面是关于孔子、孟子思想以及《论语》《孟子》中一些观点的阐释和如何对待现实问题的解说，主要是针对当时社会空泛的理论和急功近利的潮流而写的。当时很多人认为这本书的风格、思想和《孟子》不相上下，很快广为流传，并给王安石带来很大声誉。

王安石对诗圣杜甫推崇备至，他在舒州住处潜楼，利用政务之余辑录了一部杜甫诗集，并写下《老杜诗后集序》和纪念杜甫的铭文《杜甫画像》，表达了他对杜甫伟大人格的赞颂和仰慕之情，寄托了他远大的政治抱负和批判精神。"吟哦当此时，不废朝廷忧。常愿天子圣，大臣各伊周。"博大凝重的爱，映衬了杜甫的伟大，也透出王安石追仰先贤的节操。

正是由于王安石的编辑刊印，才使得杜甫这200多首诗得以传世。假设没有王安石，杜甫的这些诗或许早已如荒烟蔓草般湮没无闻了。仅此一点，王安石对中国文化史功莫大焉。

王安石任舒州通判整整三年。这不但是王安石任地方官时间最长的一次，也是他从政经历中最喜爱，并经常回忆的一个地方。他在舒州写下的，包括以后思念的诗文一共70多篇。从这些诗文中可以看出后来悯农、重农变法思想的轮廓，也可以看出"尊杜""通经致用"等诗学和经学思想的雏形。

王安石留恋舒州，不仅是因为舒州民风朴厚，风景清幽，文化积淀深厚，更主要的是这段地方官的经历，为王安石从政积累了更为丰富的基层经验，使这位关心民瘼、致力于改革的政治家深深体会到民生疾苦，体会到朝廷制度和施政之敝，萌动了革新意识，对王安石的从政历练、改革思想的形成、学术思想的进展，乃至对宋代政坛即将产生的震撼，都至关重要。

至和元年（1054），34岁的王安石离开舒州，在回家的路上慕名游览了褒禅山，他和几个朋友举火探洞，三个月后以追忆的形式写下了流传千古的名篇《游褒禅山记》，为中国文学史增辉生色。

四、屡求外任

王安石自入仕后一直扎根基层，鉴于政绩优异，其间文彦博等朝廷高官多次举荐他到京城任职，都被王安石一一谢绝。

可王安石越是辞官，朝廷就对他越是惦记。

舒州任期满后，朝廷干脆强来，直接下了一道谕令，让王安石到集贤院做校理（相当于中央文献研究室的高级研究员），不仅免考，而且还破例给他提高官阶，享受更高的薪资待遇。

换作一般人，有这等好事，还不马上飞奔入京？

可王安石居然连上四道辞呈，坚决拒绝。

这就令人纳闷了：王安石既然能考中进士，人应该不傻，这么反逻辑难道是沽名钓誉？

看看王安石自己给出的理由是怎样的：

"臣祖母年老，先臣未葬，二妹当嫁，家贫口众，难住京师。"（《乞免就试札子》）

原来是嫌帝都消费水平高。

朝廷一看，既然如此，那就给你一个俸禄高、油水大的美差：群牧司判官（主管国家公用马匹的机构，相当于国家机关事务管理局），这下你总可以来首都了吧。

没想到王安石还是不愿意去，关键时刻欧阳修出面了：你一而再、再而三地辞官，朝廷不要面子了？差不多得了。

实在推辞不掉，王安石这才勉为其难，走马上任。

担任群牧司判官的两年里，他又向朝廷递交了十几封要求到地方任职的申请书。在写给宰相文彦博的一封信中，他是这样解释的：我之所以想去地方，是因为只有这样才能将自己平生所学之经世致用的学问，在具体事务中加以实践和检验，才能实实在在为百姓做点儿事。反之，在京城任职，每天就是喝茶看报磨洋工，实在令人受不了。

其实仔细想想，王安石不愿到京师任职，绝不会仅仅是出于经济考虑这么简单。王安石死活不做京官，是因为只有在地方上才能更好地体察民情，制定切合实际的政策。只有担任地方一把手，才有足够的决策权去突破常规，大胆革新，为将来做大事打下坚实基础。

嘉祐二年（1057）四月，王安石乞求外任的愿望终于实现，被任命为常州知州。于是，他辞别了忘年交欧阳修、梅尧臣，以及同事吴充、好友吕公著，带着家人前去上任。七月四日到达常州。

常州地处全国最富庶的太湖地区，物产丰盈，是漕运的主要源头之一。王安石到任常州后，发现面临的首要任务，是常州地区的运河治理工作，已刻不容缓。长期以来，河道淤塞，水流不畅，隐患无穷。王安石到任不久，即从所辖各县调集民工，开始疏浚常州境内运河。然而，令王安石没想到的是，这一举措一开始就遭到了司马光之兄司马旦的反对（果然兄弟一条心），他时任宜兴知县，极力反对王安石开浚运河，认为是劳民伤财之举。司马旦劝王安石"请令诸县岁递一役，虽缓必成"，意思是让每个县轮流承担，每年只做一小部分，慢慢完成。

王安石急于求成，不听劝告，刚到常州任上就坚持开了工。然而，秋季雨水很多，民工苦于劳役，甚至有因此而死的，工程不得已而停下来，最终王安石没能成功。王安石对此事非常懊悔，并耿耿于怀。第二年，他在离开常州后仍然不忘此事，在给好友刘敞的信中说了事情的经过，并反省了自己。

王安石在常州只待了半年多。嘉祐三年（1058）二月，王安石由常州知州升迁为提点江东刑狱之职。提点刑狱是宋朝开始设立的一个官职，是提点刑狱司的长官，掌管本路司法、刑狱，监察所部官吏，举荐廉能，弹劾违法者。实际上就是主管一路司法和督察一路官吏的朝廷大吏，是非常重要而又有实权的职务。

江东路辖管一府七州二军四十三个县。府是江宁府（王安石当时的安家地），七州是宣、徽、江、池、饶、信、太平州，二军是南康军和广德军。当时江东路提刑司衙门设在饶州（今江西上饶鄱阳县）。这一职务要求官员到所管辖的各个州、府、军、县去进行调查研究，考核州县官吏的工作情况以及司法情况。这样也为王安石更广泛地深入社会下层、了解社会提供了机遇。

王安石到任后，开始到各地巡查，并一路判决案件。王安石处理案件，大罪不问，只问小过，而且一路下来，只处理了五个人，小罪罚金，大罪罢官。于是，当时的人议论纷纷，认为王安石专靠寻找人的小过以示自己明察，甚至对王安石有所诽谤，似乎连好友曾巩和王回也不能理解。后来王安石在给王回的信《答王深父书》中说了自己的理由："某乃异于此，以为方今之理势，未可以致刑。致刑则刑重矣，而所治者少；不致刑则刑轻矣，而所治者多，理势固然也。"意思是，现在的官员犯罪不能严格用法律制裁。如果严格按法律办，只能挑其中有代表性的惩办——如果全惩办，大概会出现地方大员集体下岗的情况，会造成动荡——而侥幸逃脱惩罚的那些人，等于鼓励他们继续违法。

江东提点刑狱是一个费力不讨好的职务，所以，王安石曾经上书朝廷，请求免去提点刑狱的职务，到一个郡里任职。为此，曾巩、王回等人都写信劝他。十月二十七日，王安石接到新的任命，不过不是地方官，而是入京做三司度支判官。

五、上万言书

朝廷一直都对王安石很欣赏，想让其来京城做官，但是他却屡次将进京的机会让给了别人。所以王安石虽然长期在地方任职，可他的声誉是名扬四海，朝中大臣都知道有这么一位不图名利的君子，并且都以未识一面为遗憾。直到嘉祐三年（1058），王安石才正式接受了朝廷的任命，由地方来到了京城出任三司度支判官（协理财政收支及粮食漕运的官员），他打算实现救国救民的抱负。

王安石认为拯救国家之道并不在于什么"进贤良退不肖"，而在于要因时制宜，针对具体的实际情况制定出符合实际的法规制度来。在法规制度的前提下，继续制定其他各方面的具体政策。为此，他对至和、嘉祐以来国家因循守旧、不思进取的局面一直忧心忡忡，他认为如果不变革，最终会使国家走向更大的灾难。

他在被召入京城后，将自己对目前形势的看法和救治国家的办法和盘托出，呈上了著名的《上仁宗皇帝言事书》。这封上书，实际上不仅是王安石要求革新变法具有纲领性的政治论文，也是他的人才政策的基本设想。

在《上仁宗皇帝言事书》中，他直陈北宋王朝面临的严峻局面："天下的财力一天比一天困难穷乏，社会风俗一天比一天衰落败坏，四方有志之士经常忧惧天下不能长治久安。""现在朝廷法制严格，无所不有，但在我看来却是没什么法度，什么原因呢？因为现在的各项法度，大多不合乎古代贤明君王的政治之道。"

接着，王安石提出了自己议论的核心——人才问题的严重性和迫切性，"朝廷每下一令，本意虽好，但在位者不能推行使之泽被百姓，而那些不法官吏借机作奸犯科，侵扰百姓"，因此，"当今最需要解决的问题，在于培养和使用人才"。他举例说，现在以江东一路范围来说，几千里内，能够推行朝廷法令，知道各项政事的轻重缓急，而且一些措施能促使人民安分守己的，这种官员很少遇到。可是，没有才能、办事苟且疏忽、贪婪卑鄙的人，却多得数不尽。王安石总结历史经验指出，培养国家所急需的人才，要靠建立一整套合理的制度，使"教之、养之、取之、任之"等各个环节皆"有其道"。

"教之之道"，就要取缔私学的泛滥，振兴由君主和国家直接控制的官学，广设学校，严格选拔教学人员。王安石批评了当时学校教育内容脱离现实的弊病，以及学非所用、用非所学的现状，指出这样的教育内容，不仅不能培养出于社会国家有用的人才，反而会败坏人才。为此，他提出，学校教育内容要本着"实用"的原则，"不可以为天下国家之用则不教"，"可以为天下国家之用者，则无不在于学"。他尤其提倡要加强治国理政及军事方面的教育。

"养之之道"，就是要"饶之以财""约之以礼""裁之以法"，使人才有基本的生活保障，并受到严格管理，在此前提下，对不遵守礼仪制度的，必须施以严刑峻法，使"饶之以财""约之以礼"发挥其应有的教育培养人才的作用。

"取之之道"，就是要合理地选拔人才。王安石对当时的人才选拔制度提出了尖锐批评，认为科举取士的内容和方法都极度空疏，不能选拔出真正的有用之才。朝廷那些受祖宗恩泽的世家子弟"以官予之""任之以事"，这是乱亡之道。而"流外"的铨官办法，把那些不符合要求的官吏派到地方，为害更烈。王安石提出，首先，要把学校教育纳入到人才选拔制度中，人才必须从学校教育中选拔，进而建立严密的人才选拔制度和体系。其次，要由人君直接控制取士之权，人君选拔公卿大夫，公卿选拔四方贤能。再次，选官由基层推荐，上级考察，除了考察言行，还要将官员放到实际工作中进行考察，经长期试用，正式任用那些德才兼备的人。

"任之之道"，就是要使用得当，充分发挥人才的作用。王安石指出，用人只问出身先后和只论资历深浅的做法，已成风气。在这种情况下，很难破格提拔有真才实学的非凡人才。他还指出，朝廷用人任职不专，调动频繁，十分不利于人才的培养和发现。对有才有德、工作称职的人不肯加以重用，而对无真才实学、力不胜任的人，因为没有人告发，也不能撤职。针对这些问题，王安石提出了"任之之道"三原则：一是"宜"。朝廷用人应该以称职为原则，用人所长，德才兼备的为主官，德才次一等的为副职。二是"久"。久于其任，则上下相知，成绩可著，错误可彰，才能真正识别人才，用好人才。三是"专"。"夫人才成于专而毁于杂。"王安石还认为，应加强官员的考核，对工作没有绩效、不合格的人，即便没有犯错误，也要撤下来，而对有工作成绩、工作尽责尽职的人，要给予奖励和提拔，即使有错误也不要求全责备。

《上仁宗皇帝言事书》最核心的思想是改革吏治，这既是王安石长期在基层历练和思考的结果，也是对范仲淹庆历新政精神的承袭。

然而，王安石的上书呈送上去之后便石沉大海。正史里没有任何关于仁宗对上书意见的记录。这是为什么呢？大概有以下几个原因。

第一，宋仁宗对王安石的印象不好。邵伯温在《闻见录》中记载了这样一件事：一次，仁宗在宫中举行御宴，邀请诸位大臣参加，王安石也在被邀之列。此次御宴与众不同的是，赴宴者须在池塘中自己钓鱼烹食，因此用膳前，桌上的金盘子里先摆放了一些小球状的鱼饵。其间，王安石没有钓鱼，却误将盘子里的鱼饵吃了个精光。第二天，仁宗便对宰相文彦博说："王安石是个伪君子！他误食一两粒鱼饵尚可，哪有把全部鱼饵都吃下去的道理！"这个流传广泛的故事似乎暗示了仁宗的态度——他不信任王安石，所谓"信则能任"，连人品都信不过，何谈认同他的主张。

第二，宋仁宗被早年的"庆历新政"的失败搞怕了。宋仁宗在刘太后死后刚亲政时也曾经锐意进取，他起用范仲淹、韩琦等名臣进行改革，结果这场改革因为触动了大部分官员的利益而失败，即使如范仲淹这样世人皆知的道德楷模在"庆历新政"失败后也被迫贬官离京，这场改革的教训给宋仁宗心中留下了很大阴影，在这之后但凡是涉及革新的政策他都非常小心，非必要不会轻易更改旧的政策。因此王安石要求全面改革的上书被宋仁宗忽视也就很正常了。

第三，最重要的原因是中年以后的宋仁宗最关心的不是改革，而是子嗣的问题。宋仁宗年轻时生过的儿子、女儿也有不少，但所有的儿子无一例外地全部夭折，这位皇帝曾经因为没有子嗣和皇后一起抱头痛哭，可见压力之大。王安石入京为官上书时，仁宗皇帝都 50 岁了，已近暮年还没有直系继承人，他哪有闲情逸致去搞什么改革？而王安石最后也是遇见了宋神宗这样的年轻天子后才被看中并起用他进行变法改革。

仁宗不赞成王安石的改革思想，这封《上仁宗皇帝言事书》就如同一片树叶，掉进海里，未见一丝涟漪。王安石是个聪明人，他终于明白了，这届皇帝不行。

于是，他又要求离京外放，朝廷下了九道诏书，才将他留住，先是任命为起居郎，他不愿任此闲职，固辞不就，后又改为知制诰，替皇帝起草诏令文告，纠察在京刑狱，一跃成为天子近臣，王安石的官运，羡煞旁人。

然而，这并不是他想要的。

嘉祐八年（1063），王安石母亲病逝，他趁机辞去官职，回到江宁守制。同年，宋仁宗驾崩，养子英宗即位。朝廷多次下旨，让王安石回京任职，他都以守丧和有病为由，拒不赴任。

王安石非常清楚：英宗登基后，为了确认生父的名分，势必会与大臣们掀起一场论战，而这场论战竟足足持续了两年，而且新皇帝体弱多病，由曹太后垂帘听政，母子搭班唱戏，求稳尚且不易，谈何求新求变？

皇帝这样的执政水平，与王安石的期待自然相距甚远，王安石只有等待，等待属于自己的时代。

第三章

为何变法

一、风雨飘摇的局势

王安石走上仕途以后，尽管有多次到京城为官的机会，但他坚持自己的理想，不愿意担任在京城里尸位素餐的京官，而是一心想在地方上为百姓们办点实事。然而，宋英宗治平四年（1067），朝廷发生了一件大事，彻底改变了王安石的生活轨迹。

宋英宗去世了，他只当了4年皇帝。

宋仁宗在位41年，是北宋王朝在位时间最长的皇帝，由于他的三个儿子全都夭折，最后只好由他的养子赵曙继位，这就是在位仅4年即病死的宋英宗。英宗病逝之后，他19岁的儿子赵顼即位，这就是宋神宗。此时，如果宋神宗甘做一个守成之君，同样可以维持王朝的运转，但是这个年轻的皇帝，偏偏就想要来个天翻地覆的改革。那么，宋神宗为什么迫切打算改革呢？

因为北宋建国以来社会矛盾不断加剧，面临着严重的统治危机，最主要有四大难题。

首先，自960年宋太祖赵匡胤建立北宋王朝，到宋神宗继位时，北宋已经统治了100多年。此时的北宋，由于大官僚、大地主阶级竞相兼并田地，造成"势官富姓，占田无限"的严重局面。失去土地的农民和地主阶级之间的矛盾越来越大，各地接连爆发起义。

宋真宗初年，益州（今四川成都）戍卒在王均领导下举行起义，占领益州，建立大蜀国。王均起义失败后数年，以陈进为首的宜州（今广西壮族自治区河池市宜川区）士兵发动起义，前后坚持斗争三四个月。庆历三年（1043）五月，京东路沂州（今山东省临沂市）王伦起义。同年，陕西大旱，商州（今陕西省商县）农民在张海等人领导下起义，活跃于"京西十余郡，幅员数千里"，官员纷纷逃窜。驻守光化军（今湖北省老河口市北）士兵在邵兴率领下哗变，与起义军互相配合。庆历七年（1047）十一月，河北路贝州（今河北省清河县）王则发动兵变，领导士兵和农民起义。

面对农民起义的沉重打击，宋仁宗曾哀叹地说："大臣无一人为国了事者，日日上殿何益？"

因此，在王安石变法之前，表面上强大的北宋王朝，实际上面临着"山雨欲来风满楼"的严峻形势。

其次，北宋王朝还面临着严重的财政危机。这些主要表现在以下四个方面：

一、各级官吏逐年猛增。根据时任户部副使包拯的奏报，宋真宗时文武官员还不到1万人，经过40年的发展，到宋仁宗时已达1.7万多人，增加了将近一倍。官吏如此泛滥，必然要大大增加朝廷的财政支出。

二、财政供养的军队无限扩充。宋太祖赵匡胤时代，全国兵员仅37万多，到宋仁宗时代，已增加至125万多，《水浒传》中的林冲，是80万禁军枪棒教头，这个数量并无夸张。朝廷每年的军费支出竟然达到财政总收入的六分之五。

三、每年将大批财物送给辽国和西夏，这又增加了财政支出。宋真宗是个败家皇帝，辽国入侵，北宋跟辽国打仗本是平手，但是宋真宗怕打仗，赶紧签订澶渊之盟，每年给辽国 10 万两白银，再加白绢合起来是 30 万贯。

四、皇室和官员腐败奢靡成风，大量浪费财富。宋真宗举行了历史上最大规模的封禅，前后有 50 天，花了 830 万贯，后祭土地神花了 20 万贯，还赏赐了 2000 多万贯，如果把营造相关宫观都计算在内，恐怕耗费了几千万贯的费用。更为过分的是，宋真宗一连封禅了三次。

各级官员享受成风，苏轼的朋友蒲宗孟写信给他说，我享受生活，每天洗两次脸与脚，隔天洗一次澡，小洗脸是只洗脸，两个仆人侍候，大洗脸就要洗脖子，要五人侍候。小洗脚是只洗脚掌与脚面，只换一次水，两个仆人侍候，大洗脚得四个仆人侍候。小洗澡要五六个仆人侍候，大洗澡要八九个仆人侍候。

由于这些原因，朝廷财政亏空越来越大。宋太宗时，每年国库的结余甚多。到宋仁宗时，朝廷财政收入虽然比以前增加了五倍，但国库已不够用了，到宋英宗治平二年（1065），朝廷的财政亏空竟然达到了 1500 多万贯。显然，北宋王朝的财政已经陷入了严重危机。

第三个主要原因是，由于西夏不断骚扰，边境面临着爆发大战的危险。北宋王朝虽然养着大量军队，但是没有战斗力，士兵中大部分是被迫当兵的农民，平时缺少训练，甚至还没听过战鼓，更别说列战阵了。

在西北边境的骑兵，有的甚至不会披甲上马，加上当时军事机构腐败，军事指挥上无能，因此在对辽和西夏的防御战争中，屡遭失败，北宋王朝在军事制度上面临重大问题。

第四个主要原因是土地问题。北宋可以自由买卖土地，最大好处是让土地在流通中升值，调动了劳动者的积极性，坏处是土地兼并严重。北宋宰相一个月工资就可以买 100 多亩土地。南宋初年，大臣杨沂中的外孙女过满月，杨沂中送了 4 万亩的地契，还觉得拿不出手。大地主有免税的特权，不可能全交给国家，又想方设法逃税，国家并没有更多的税源，只好增加税赋，沉重负担就摊到农民身上了，国家财政也越来越困难。

基于以上四个主要问题，神宗一上台就下旨，调王安石来京城做官，任翰林学士。王安石变法就是在这样的历史背景下产生的。

二、物色改革的人选

年轻的神宗皇帝赵顼即位之后，面对百年帝国烂摊子，一心想要励精图治，改革变法，他迫切需要找到一个得力的助手来帮助自己实现这个梦想。而此时，朝中的大臣可说人才济济，既有德高望重的三朝老臣，也有崭露头角的青年才俊，无数人梦想着成为辅佐新君的股肱之臣。宋神宗为什么偏偏选中了王安石？

其实，宋神宗刚即位时，并未注意王安石，但他急于变革，下诏书说朕刚当上皇帝，不知道什么是对与错，请大家提出来，不要有什么顾虑。朝野觉得皇帝很懂事，大臣们纷纷提建议，归纳起来有四种：

一是一般性建议。王陶是御史中丞，负责监察官员，上表说皇上要识别好与坏，远离奸臣，赏罚分明。谏官赵下认为应该选有远见卓识的人当宰相，不要大兴土木。这些建议是万金油，对任何皇帝讲这个都没错，没有针对性和可操作性，如同废话。

二是好心建议。太子右庶子韩维是辅佐太子的官员。他提出皇帝还年轻，社会经验不丰富，紧急事可以拍板，其他的缓图之。他还建议，执政的宰相与大臣们历经三朝，这些大臣们社会阅历广，对这个国家做了贡献，得尊重他们。提意见时，不要不耐烦。他的第三个建议是，大臣各有职责，皇帝别把手伸那么长，不要亲力亲为。这种建议听起来是好的，可宋神宗是想干大事的人，这是讽刺的建议。

三是理论性建议。翰林学士司马光提出先要修德，具体有三条：一是仁，二是明，三是武。要有仁爱的精神，实行仁爱与仁政；得分清好人与坏人，要明辨是非；武是果断，用人不疑，疑人不用。三条都做到了就是好皇帝。至于治国，还有三条：一是任官，二是信赏，三是必罚。得学会任用称职的官员；得赏赐守信用的官员；官员犯了错必须惩罚。总体看，这六条也是老调重弹，不能解决具体问题。

四是反对建议。以富弼为代表，他在庆历新政时参与过改革，后来被贬黜。熙宁元年（1068）四月，新判汝州的富弼入朝辞谢。对于这位三朝重臣，宋神宗非常重视，由于他腿脚不便，宋神宗特意到内东门小殿接见，并和他聊了大半天关于治国理政的事。交谈中，富弼看出宋神宗锐意进取，为避免皇帝操之过急，他语重心长地说道："身为人君，不能让他人知道自己的好恶，一旦被他人看破就会陷于被动。陛下应当像天一样，高高在上，看穿他人的善恶，然后诛赏随之，这样就可以辨别真正的功劳和罪过。"宋神宗又问他边防之事，富弼道："陛下即位不久，应当先布恩泽。希望陛下20年内不要言兵，也不宜重赏边功之人。干戈一起，祸福难料，影响深远。"宋神宗沉默不语，过了很久又问现在最紧急的是什么，富弼答道："安定国内是第一要务。"宋神宗虽点头称善，但内心里对富弼的老成持重并不以为然。

面对朝廷的守旧势力，宋神宗经过一番颇费周折的挑选，目光终于落到了王安石身上。这个时期的王安石，由于母亲病逝，一直在江宁家中守孝，闭门不出。而一个人对王安石不遗余力的推荐，改变了王安石的人生命运。

原来宋神宗为太子时，韩维陪他读书。韩维谈得头头是道，宋神宗觉得他有学问。韩维说这可不是我自己的思想，这是王安石的思想，王安石是难得的人才。宋神宗便留意起王安石来，考虑到王安石还在江宁，还需要处理一些善后事务，于是他下诏任命王安石以知制诰的名义担任江宁知府。

然而，正当宋神宗充满期望地等待王安石举起改革变法大旗的时候，哪知王安石拒不接受。又来这一套！宋神宗无法理解，便询问大臣。宰相曾公亮说，皇上多虑了，王安石肯定是真病了，他拒绝进京是身体不好，不是真的对抗。另一位宰相吴奎说，王安石不来有两个原因，一是王安石这个人特别固执，根本不合作，如果让他来京做官，会生灵涂炭；二是王安石跟韩琦关系不睦，来朝廷怕韩琦收拾他。

宋神宗又问韩维。韩维了解王安石的为人，知道他的接受方式与一般人不同，进退得失有原则，很难轻易撼动。韩维对神宗说，王安石母亲去世不久，身体不好，本身有能力有道德，不贪图大官，突然给他巨大的责任，不会贸然接受，所以会谢绝以表明做官的态度。像王安石这样的人，肯定要给他一个巨大的舞台，皇帝要像当年刘备三顾茅庐请诸葛亮那样，让他充分感受到皇上的诚意和信任，敞开胸怀，以天下大义感动他，不能以利益诱惑他，他自然就会为陛下效力了。陛下是一位英明的圣君，不要轻信他人的议论。这话出自韩维之口，但未尝不是王安石的真实想法。

治平四年（1067）九月，在任命王安石为江宁知府半年后，神宗下诏任王安石为翰林学士，这是神宗为王安石变法搭建的第一个平台。

一直不愿意到京城为官的王安石，这次却来了一个180度的大转弯，他立刻写了谢表，马上奔赴京城担任翰林学士。

翰林学士，是皇帝的私人政治顾问，职责是以国家名义起草像大赦令、任免宰相等最重大的命令与诏书。唐朝管它叫内相，地位相当重要，唐宋时只要担任翰林学士离宰相就不远了。唐宋很多名臣都担任过翰林学士，如白居易、李德裕、柳公权、欧阳修、苏轼、苏辙、司马光等。

宋神宗费尽周折，终于选定王安石为改革变法的主要负责人。宋神宗太想见王安石了，熙宁元年（1068）四月，王安石刚到京城，宋神宗就打破常规，越次召见了王安石。

三、北宋百年第一札

宋神宗总算请来了王安石，任命其为翰林学士。王安石来到汴京，首次觐见宋神宗，两个人一见面，神宗就问王安石："治理天下应该从何入手？"王安石说："最重要的是选择正确的方针。"神宗是唐太宗李世民的粉丝，唐太宗是中国历史上著名的圣君，他剪灭群雄，怀柔异邦，开疆拓土，虚心纳谏，重用人才，创造了中国历史上著名的贞观之治。所以神宗问："学唐太宗怎么样？"然而出乎神宗意料的是，王安石对唐太宗并不感冒，他说："陛下应当效法尧舜，唐太宗之所以青史留名，主要是因为隋炀帝昏庸暴虐，才让他得以崭露头角。"

王安石为什么对唐太宗不感冒，而推崇上古时代的尧舜呢？因为在中国古代士大夫的心目中，尧舜是上古时的圣君，与百姓同甘苦，爱民如子，不怀私心，以德服人，是古代最贤能、最完美的帝王。唐太宗固然是古代优秀的君王，但他谋杀太子，逼父退位，在士大夫眼中道德水准比较低，无法与尧舜相比。所以谈论为政之道，只要竖起尧舜的大旗，戴上治国必法先王之道这顶帽子，就可以减少对立面，消除疑虑，减轻革新变法的压力。这就是王安石推崇尧舜贬低唐太宗的原因。

神宗接着问王安石："太祖建国至今，为什么能够保持百年太平？如何能继续维持百年太平？"这可是个大问题。王安石说："这问题一两句话说不清楚，我需要认真思考。宫里跟皇上说话的时间太有限，有些事儿还没说明白就该退朝了。我今晚回家后好好准备一下，专门写一篇札子来回答您的问题。"

所谓札子，是宋代的称谓，也就是清朝所说的奏折，是呈给皇帝的公文报告。王安石一生从政时间近40年，从签书判官开始，直至位极人臣的宰相，撰写的奏章不计其数，而这其中最著名的奏章，就是这篇被誉为北宋百年第一札的《本朝百年无事札子》。它虽然只有短短的1000多字，却提纲挈领、举重若轻，对北宋建国百年来的大政方略有十分精辟的分析。

第二天，王安石就把这个札子呈上了。针对宋神宗提出的问题，王安石在札子里集中讲了三方面：

第一，为什么能够保持国家百年太平。因为太祖皇帝具有超人的智慧，能看见别人的优点，处置事务，托付国政，做到人尽其才；改变旧制度，建立新体制，做到适合形势发展的需要，所以能够控制将帅，让士卒齐心合力，对外能够抵抗外族保卫国家，对内能够平定割据战乱，废除苛重的赋税，废止酷滥的刑法，取消藩镇的实际兵权，使他们成为虚设，诛杀贪污残暴的官吏，亲自以简单朴素的生活作为天下人的表率。在推出新的政治措施、颁布法令制度的时候，一概以安定百姓为头等大事。太宗皇帝继承了这些，真宗皇帝用谦恭仁德保持住了这些，一直到仁宗、英宗皇帝，都没有失德的地方，这就是享有天下上百年而却没有事变的原因。

王安石先是称颂大宋王朝，接着一一指出大宋王朝的顽症宿疾。

到了本朝，因循守旧堆积的问题逐渐爆发，君臣之间没有之前那么信任无间。皇帝每天面对的是宦官和女子，出来上朝又不过是一些琐事，不能像古代的有为之君和贤臣那样讨论先王之法。处理政事循规蹈矩，没有创新理念，也就没有真正落到实处。如今的朝堂之上，君子不是没有，但小人也混迹其中；正确的见解不是看不到，但歪理邪说也时常涌现；以诗赋记诵求取天下人才，却没有经过系统的训练；以科名资历任用官员，却没有公正细致的考核。监察部门没有敢于执法的人；边关守将不能自行决定属下；官员轮换频繁，难以客观考核；能言善辩的，惯于以假乱真；善于人际交往的，官场上更吃香；独立思考尽忠职守的，却被排挤；上下偷安，维持禄位，即使有一些才智之士，也被消耗成了普通人。农民背负沉重的差役，既得不到政府的救济，又不能为他们兴修水利；士兵老弱病残，既缺少训练，又不能根绝五代以来的恶习；宗室既缺少教育和出路，又不能严格管理；皇帝虽然节俭，老百姓却依然很穷；皇帝虽然勤劳，却不能使国家强大。

既然如此，大宋王朝何以能够维持百年的太平呢？

道理很简单：周边的国家不算强大，国内也没什么自然灾害，所以国家百年太平，是老天爷帮了大忙。北宋百年无事，是撞大运的结果。按照现在这种状态，是无法再延续百年太平的。

最后，王安石在这封札子的结尾，对神宗提出了希望：皇上您拥有英明神武的智慧，承续着这个绵延无穷的王朝，要懂得一个基本的道理，那就是治理国家，老天爷的帮助是有限度的，不可能一直眷顾，归根结底还是要依靠主观努力。现在国家积贫积弱，正是皇上大有作为的好时候呀！

王安石的这篇札子针对性很强，以扬为抑，褒中有贬，重点剖析了宋仁宗统治的 40 多年中的种种弊病，透过宋王朝"百年无事"的表面现象，揭示出当前面临的重重危机，并就吏治、农业、财政、军事等方面的改革提出整体方案，给宋神宗提交了一份满意的答卷。这篇札子表面看是在称颂仁宗皇帝，实际上是在一一揭穿隐藏在仁宗"宽仁恭俭""刑平而公""赏重而信"等美誉背后的国家乱象。它像一记响亮的耳光，扫尽虚掩在百年帝国身上的最后一丝装饰，露出百病缠身的虚弱真相；又像是一声呐喊，想要将大宋王朝从沉沉的百年梦魇中唤醒。

当天晚上，宋神宗反复阅读《本朝百年无事札子》，越看越兴奋，越看越有希望。札子提出的很多问题和观点，深深吸引着神宗，其中的忧国忧民情怀激发着神宗。

第二天一早，神宗立刻召见王安石，对他说："我昨晚将你的札子看了好几遍，其中的很多观点之前闻所未闻。我觉得你对于治理、改革朝政早已成竹在胸，你赶紧对我详细说说怎样具体实施吧。"谁知王安石不慌不忙道："这件事一时半会儿说不清，请陛下先让臣讲学，把道理讲清楚了，变法的措施施行起来也就水到渠成。"

讲学跟革新朝政有什么关系？神宗虽然觉得奇怪，但还是很诚恳地说："讲学很重要，但还是先请你说说革新朝政的事。"王安石没办法，只好先挑重点事情给神宗说了说。神宗听罢非常高兴地说："这些想法太好了，真是从来没听说过。别人的见识果然不如你。你看这样行不行，你把刚才所说的给我写下来，让我再认真看看。"王安石说："我刚才已经跟皇上说了，只要从讲学开始，那么这些事情都不言而喻、不言自明了，但是我现在还不清楚皇上到底想要怎么做，所以我不敢说得太细致。"

神宗这么重视，王安石却一再卖关子，不肯全盘托出，王安石为什么非要讲学呢？

四、讲学的姿势

王安石担任翰林学士期间，写出了著名的《本朝百年无事札子》，得到了宋神宗的高度重视。宋神宗迫不及待要王安石将心中的改革设想全盘托出，然而，王安石却对此迟疑不定，他有他的顾虑，因为他不知道宋神宗与之前的仁宗、英宗有多大区别，神宗到底有多大的决心改革朝政，更不清楚神宗能否真正信任自己。所以，当神宗皇帝要求他将自己的想法写下来的时候，他采取了一种很慎重的态度。而且，朝廷里还存在强大的反对势力，要想顺利地进行改革变法，就必须统一思想，统一认识。

为此，翰林学士王安石提出要为宋神宗和众大臣讲一次"公开课"，结果围绕着讲学的姿态问题，引发了朝廷里一场不大不小的风波，事情是这样的？

王安石给宋神宗建议，过去给皇上讲学时，皇上是坐着听的，还有陪着的也是坐着听，讲学的是站着讲，能不能全都坐下？这个建议提出后，不少大臣附和，不光讲学，包括与皇上谈重要事情时，也应该赐座，像宋太祖听大臣讲《周易》时赐坐，宋太宗视察工作时，看到讲学的老师有座位，就请老师坐着讲。开国两位皇帝都尊师。皇上坐大臣也坐，讲学的站着不合适，本着尊师的原则都应坐下。

可大臣刘攽说，从古到今，皇上与大臣商量正事时赐座，但是大臣得"避席立语"，站起身来跟皇上说话。给皇上站着讲本是方便说话，是仪表和本分。现在真拿起架子坐着讲是不行的，这是根本问题。再说，翰林侍讲学士与侍读学士没本质差别，等级上侍读学士更高。现在侍讲可以坐，侍读的怎么办呢？从宋真宗以来，50多年过去了，侍讲学士一直站着讲，为什么要改？而且皇上让你坐，是皇上的主观愿望，现在你主动要求坐，是不是没把皇上放在眼里？宋神宗又问宰相曾公亮，你当年讲学是坐着讲还是站着讲？曾公亮说是站着讲的。宋神宗犹豫了，但最后还是跟王安石说，明天你就坐着讲课吧。王安石一听哪还敢坐，还是站着讲吧。

王安石提的这个建议，实际上是一个"试金石"，只不过是拿它来试探大臣们的反应，为以后的变法做好心理准备，就这么一件小事改起来尚且如此之难，更何况是变法这种大事呢？

宋神宗十分器重王安石，想进一步重用为宰相，他征求大臣们的意见，可朝中的大臣们多数人不同意他担任宰相。

宋神宗询问王安石的老上级、三朝宰相韩琦的意见。韩琦认为王安石做翰林学士没问题，但是做宰相不合适。神宗问参知政事吴奎，吴奎认为王安石缺乏合作精神，听不得他人的意见，难当大任。他举例说王安石那次复审杀人案件，朝廷认定他错判此案，并要求他向开封府认错，但他却一直拒不认错。朝廷数次召他进京为官，他也坚辞不就，说明此人不听话，缺乏合作精神。吴奎特别强调自己曾与王安石共事，深知此人性格迂阔，固执己见，不愿听取别人意见，任用这样的人担任宰辅，必定紊乱纲纪。神宗又征求参知政事唐介的意见，唐介也认为王安石不宜做宰相。神宗追问道："你说王安石是文学不够格，经学不够格，还是他从政资历、经验、能力不够格？"唐介说："王安石好学但泥古不化，议论纵横但迂阔不符合实际。如果让他主持国政，恐怕会有乱子。"退朝后，唐介对曾公亮说："王安石如果真的被任用为宰相，天下必然纷乱，你们不信就等着瞧吧。"神宗又问身边近臣孙固，孙固说："王安石的文学、人品都没有问题，担任翰林学士很合格。但是做宰相要有大度量，王安石心胸狭窄，不能容人，不适合这个位置。"神宗连问孙固四次，孙固都这样回答。神宗对朝臣们的意见很不满意。

北宋建国 100 多年来，官场中因循懈怠、得过且过的风气愈演愈烈，这形成了一种对抗改革变法的消极氛围。所以，当血气方刚的宋神宗准备重用王安石，大刀阔斧地实施改革变法时，朝廷内外自然而然产生了一股强大的反对声音，这种反对声音甚至让宋神宗也对王安石产生了怀疑。那么，王安石将如何重振宋神宗的信心呢？

有一次，宋神宗与王安石讨论政治，叮嘱王安石不能打退堂鼓。王安石说："天下风俗早已败坏，要想改革，就得把平庸之人清除，才能真正开展改革大业。如果这些人天天大叫，什么事情也做不成。所以先得讲学，讲学才能明道，大家才接受变法、拥护变法，才能付诸实践。"宋神宗说："人们常说你学问好，为什么治国没人看好你呢？"王安石说："做学问的目的就是治国，学问好是为了治国，只有迂腐的人才会为做学问而做学问，做学问与安邦治国并不矛盾。"宋神宗说："我钦佩你的学问，咱们应该先做哪些事？"王安石说："必须要移风易俗，改变因循守旧、苟且偷生的风气。朝中有小人与君子，还有中间地带，改革就要宣传君子之道，让中间地带倾向君子，否则小人天天宣传小人之道，这些中间地带就倾向于小人了。"王安石说这话有深意，他重点强调的是如何把不同意见和反对力量清除，为革新扫清障碍。

得到宋神宗信任后，王安石开始为改革变法做必要的准备。但是在朝廷里，很多人不仅不同意王安石担任宰相，也不认同他的治国理念。这其中，同为翰林学士的司马光，就因为一件皇帝赏赐大臣的事情，与王安石发生了激烈争论。

熙宁元年（1068）八月，全国很多地方遭了灾。宰相曾公亮建议，每三年一次的祭祀赏赐高达1300多万贯，花费太大，请求今年祭祀的时候，不要再赏赐大臣。

宋神宗交给翰林学士讨论。司马光认为确实应该如此，建议从宰相做起，自愿减免。王安石表示反对，他说现在国家的问题不是节省，财政收入不是省出来的，要努力开源和理财。司马光坚决反对，他认为理财就是增加税收，会加重对百姓的盘剥，如果百姓穷困极了就会造反。王安石针锋相对地说，善于理财未必增加税收，"因天下之力，生天下之财，取天下之财，供天下之费，欲富天下，则资之天地"。可以向大自然要生产力，扩大生产。司马光反驳，这是谬论，自然资源就这么多，就像夏天下多了雨，秋天就干了，产出恒定，不在百姓手中就在国家，你的意思无非是通过阴险手段从百姓手中抽税。

我们很难评判王安石与司马光谁对谁错。在北宋这样一个农业社会当中，社会财富的主要来源是土地和农业生产。司马光认为，增加财富的主要手段是节流，因为北宋王朝的各项花费很巨大，有些花费很不合理，适当地节流确实可以增加财富。税收是朝廷增加收入惯用的手段，如果税收太重会破坏税源，要增加税收必须首先注意培育税源，保护纳税人的利益。而在王安石看来，增加财富的手段是开源，也就是扩大生产，增加流通。但是在封建农业社会，开源之道其实很受局限，一则农业规模有限，二则农业技术落后，三则商业贸易很受限制，无论采取什么措施，最终恐怕还是要回到税收上来，虽然名目不叫税收，但其实本质依然是间接增加了税收。

总之，面对北宋经济的困境，王安石、司马光等人都在积极寻求解决之道，他们的区别在于方法不同，不能笼统说谁对谁错。但是有一点是肯定的，司马光的那种方法在短期内很难奏效，而王安石的办法却能迅速充实国库，以往宋神宗都会采用王安石的变法政策。

但这一次神宗在听取了司马光、王安石的争论后，出人意料地同意了司马光的意见，不再赏赐群臣了。神宗之所以投司马光一票，原因很简单：第一，司马光节约费用的意见可以解决当前救灾的燃眉之急；第二，从长远来看，他无疑更赞同王安石的做法；第三，王安石刚来朝廷不久，神宗不想因为争论这个小问题让王安石树敌太多，在一定程度上，他赞同司马光是为了保护王安石，为日后重用王安石铺平道路。事实也证明了这一点，在这次争论之后不到半年，王安石就被任命为参知政事（副宰相），并成立改革变法的领寻机构。当然，改革变法不是成立一个机构那么简单，是一个复杂的社会改造工程，会遇到各个方面的影响与阻力，面对这些阻力，宋神宗与王安石会采取怎样的态度呢？

五、小女子激起大波澜

宋神宗熙宁元年（1068），一心想变法的宋神宗对王安石充满期望，想任命他为宰相，希望他能辅佐自己成就一番事业。但宋神宗听到的各方反应，却大多对王安石不利：许多人敬佩他的才学，却不认为他具备当宰相的才能。就在这时候，一个远在山东登州（今山东烟台、蓬莱一带）的民间女子引发了一起刑事案件。让人没有想到的是，这件原本普通的案件，却激起了一场轩然大波。案件不但很快报到了皇帝的案头，王安石也深陷其中，最终还让不少人丢官贬职。那么，王安石为什么会跟这个民间女子关联在一起？这个小女子究竟掀起了怎样的波澜呢？

案子的主角，是一个叫阿云的农家少女。阿云家里很贫穷，早年丧父，前一年母亲也去世了。按照宋朝礼仪制度规定，父母去世后，子女要守制三年，其间不得婚嫁、应考、庆典等。但是，阿云的叔叔却强行将她许配给一个老光棍韦大。阿云嫌韦大相貌丑陋，不愿意跟他结婚，趁韦大睡觉时用刀去杀他，由于力气不够，没有杀死，只是砍断一指。

事后，阿云被捕，如实招供。

案情不复杂，复杂的是判刑。第一个作出判刑的地方官员是当地知县。知县以"谋杀亲夫"的罪名，将阿云判处死刑。

案子报到登州知州许遵面前。许遵是明法科出身（相当于法学专业毕业），由大理寺外放担任登州知州，是一名具有法科知识背景与司法实践经验、深谙法理的官员。他提出，阿云被许配时，还处于守制期间，婚配无效，她和韦大不属于夫妻，不适用"谋杀亲夫"的罪名，应免除死罪。

就这样，案子出现了争议。

接下来，案子报到审刑院和大理寺，审刑院和大理寺驳回了许遵的判决，以阿云"违律为婚，谋杀亲夫"为由，判处绞刑。这是根据《宋刑统》"谋杀人者，徒三年；已伤者，绞；已杀者，斩"条文来作出判决的。

许遵不服气，提交了新证据，认为阿云在被捕后如实招供，属于自首情节，应当从轻发落，指出审刑院和大理寺作出绞刑的判决是错误的。许遵的依据，是宋神宗签发的一道诏令："谋杀已伤，按问欲举，自首，从谋杀减二等论。"

案子又交到刑部。刑部支持了审刑院、大理寺的主张，依然将阿云判处绞刑。

按照正常情况，阿云几乎算是死定了。可这时候，许遵由登州知府升为大理寺卿，有足够的权限来过问阿云的案子了。他据理力争："刑部定议非直，云合免所因之罪。今弃敕不用，但引断例，一切按而杀之，塞其自守之路，殆非罪疑惟轻之义。"在许遵看来，刑部不分青红皂白判处死刑，违背了罪行轻重有可疑之处，只应从轻判处的原则。

御史台的谏官闻讯，随即弹劾许遵妄法。许遵不服气，请求朝廷将案子交给翰林学士们进行讨论。于是，这件事惊动了宋神宗。宋神宗了解到案子的前因后果之后，交给翰林学士王安石和司马光来讨论。

司马光与王安石调阅了阿云案的全部卷宗，尽管二人都承认阿云并非"恶逆"，也承认阿云的自首情节，但基于对法条与法意的不同理解，他们对于阿云案的裁决各执一词，争执不下。

王安石当时正在极力主张变法，而司马光却是坚决反对变法的一方，二人同时接手一个案件，自然要分个高下。王安石认为按照神宗的诏书，阿云确实不应该被判处死刑。而司马光则认为天子犯法与庶民同罪，任何人都不能干预法律的公正性，就算是皇帝，一切都要以大宋律法为准，阿云不管有何种理由终归是故意杀人，理应判处死刑。

简言之，王安石支持许遵的意见，建议对阿云从轻发落；司马光支持刑部的意见，建议对阿云判处死刑。争论的焦点是，阿云到底算不算自首。如果算自首，就不能判死刑；如果不算自首，她就死定了。

王安石、许遵等人的依据，来自于宋神宗的诏令；司马光、刑部官员的依据来自《宋刑统》"于人有损伤，不在自首之例"条文。他们公说公有理，婆说婆有理，谁也说服不了谁。

宋神宗看到两人局面僵持，便将案子交给其他官员审议，结果是支持王安石的意见。可是司马光这边并不罢休，审刑院的官员又联合上书，要求继续与王安石争辩。本来只是一件普通的谋杀未遂案件，却因为政见不同把大臣们搞得脸红脖子粗。

御史中丞吕诲上书"请中书、枢密院合议"，于是，越来越多的高级官员加入到讨论的行列。枢密使陈升之、吕公弼，枢密副使韩绛，翰林学士吕公著、韩维、钱公辅等人支持王安石。司马光的背后，也不乏支持者，如参知政事唐介、枢密使文彦博这两位重量级人物。

这些如雷贯耳的北宋名臣，为了一个普通农家女子的命运，在朝廷上唇枪舌剑，闹得不可开交，搅动了半个朝廷。

案子来回折腾了一年多，还是没有一个结果。宋神宗一看不行，下了一道敕令，规定以后遇到类似的案子，一律由皇帝来判决，最终解释权归皇帝。可没想到，宋神宗的敕令遭到了双方的一致反对。负责草诏的知制诰认为这道敕令不合法，干脆就不起草。宋神宗只好尴尬地收回这道敕令，另外下一道敕令，支持王安石的意见。

依然有很多人反对宋神宗、王安石的意见，可由于王安石变法已经开始，宋神宗为了让双方安定下来，不得不亲自对犯人自首的界定和量刑作出了详细的规定，命令翰林院拟写诏书发往中书省，可谁知中书省竟然将诏书驳回，理由是皇帝诏书不能凌驾于法律之上，故不能实行。这可触到了宋神宗的底线，我是皇帝还奈何不了你？宋神宗一气之下直接下令，将阿云的死刑改为有期徒刑，王安石的变法也顺理成章地开始了。

反对变法的大臣大部分被赶出了朝廷，他们大多数是坚持判处阿云死刑的人，使得反对的声音逐渐小了下去。最终，阿云被轻判为编管。不久，阿云幸运地遇上大赦，被释放了。到此，阿云案件之争暂时告一段落。这时距阿云案发之初，差不多已过去了两年时间。

阿云案其实尚未完结，它还有一个尾声需要交代清楚。

元丰八年（1085），宋神宗驾崩，哲宗继位，司马光拜相，再议（不是再审）阿云案，促使朝廷颁下一份新的诏敕："强盗按问欲举自首者，不用减等。"这份新诏敕意味着，熙宁元年七月三日的敕文"谋杀已伤，案问欲举自首者，从谋杀减二等论"将不再适用于强盗伤人案。

有些网文从元丰八年再议阿云案的记载，演绎出司马光执政后终于杀了阿云的荒唐故事："公元 1085 年，司马光任宰相，得势的司马光重新审理此案，以谋杀亲夫的罪名将阿云逮捕并斩首示众"；"司马光多年来竟一直对阿云案耿耿于怀，上台后，立刻翻案，将阿云以'大逆'的罪名处死。司马光这样做完全就是挟怨报复，草菅人命"……这类想象力过剩、史料依据奇缺的文学式描述，误导了很多只看网文的网友。

我们能检索到的宋人史料，从来都没有说阿云被司马光杀了。实际上，司马光不可能处死阿云，因为阿云是由宋神宗赦免死罪的，不管法律如何修订，都不能重新审理阿云案，而司马光也无意于杀死阿云。司马光所忧心者，并不是阿云个人的下场，而是阿云案成为具有法律效力的判例，"谋杀已伤，自首减等"成为代替刑律的敕命，导致犯罪得不到应有的惩罚。所以司马光执政之后，要做的一件事就是推翻熙宁元年七月三日的敕文。司马光的重新审批，与其说是判决阿云，不如说是在判决退居金陵的王安石。阿云案从一开始就不是一起单纯的刑事案件，它是一面镜子，折射出熙宁年间那一场激烈的政治变法运动。

历代士大夫评论阿云案，基本上都认同司马光，反对王安石，但若以今天的眼光来看，则王安石的见解显然更符合人道主义与现代文明，司马光的意见倒是显得有些刻板、迂腐。

第四章

欲展宏图

一、变法开始了

宋神宗熙宁二年（1069）二月，宋神宗任命王安石为参知政事（副宰相），第二年升任"同中书门下平章事"，即宰相职位。为了推行新法，宋神宗批准成立了改革变法的领导与执行机构"制置三司条例司"（简称条例司）。参知政事王安石、知枢密院事（国防部副部长）陈升之同领"条例"。

北宋中央行政体制由二府三司组成。二府：一府为政事堂，又称"中书门下"，简称"中书"，是国家最高行政机构，相当于国务院，其首长为宰相，即国务院总理；另一府为枢密院，是国家最高军事机构，首长为枢密使，即国防部部长，官品与宰相相同。三司是盐铁司、度支司、户部司，分别执掌工商收入与军器、财政收入与漕运、户籍财赋与专卖等。三司是国家最高财政机构。首长为三司使，即财政部部长，又称"计相"，地位仅次于宰相。政事堂、枢密院与三司互相独立，不相统属，而又互相牵制，分别向皇帝负责。

这种行政格局便于皇帝统筹财政军大权，但它的缺陷也很明显：政事堂主政而不晓财务、军务；枢密院主兵而不知政务、财务；三司主财而不知政务、军务。导致政出多门，决策效率低下。王安石变法以富国强兵为目标，必将涉及财政军三方要务，这就要求打破现有的行政格局，设置一个指导议法、立法和执法的统筹机构。所以条例司不是一个单一的行政、财务或军事机构，是超越这三者的统筹机构，类似于今天的中央领导小组。在变法初期，设置这样一个独立机构，便于打破行政机关彼此牵制、相互推诿的现状，能够以较快的速度、较大的力度颁行新法。王安石把条例司定为三司使的上级机构，统筹国家财政，是当时最高的财政机关。此机关除了研究变法的方案、规划财政改革外，还制定国家一年内的收支方案。

在担任副宰相和宰相期间，王安石和他的团队依靠条例司这个强有力的组织机构，迅速出台了十几项法令，如宋神宗熙宁二年（1069）七月，颁行均输法，九月，颁行青苗法；熙宁三年（1070）十一月，颁行农田水利法，十二月，颁行保甲法；熙宁四年（1071）二月，颁行贡举新法；熙宁二年（1069）十二月至四年（1071）十月，逐步颁行免役法；熙宁五年（1072）三月，颁行市易法；五月，颁行户马法，八月，颁行方田均税法；熙宁六年（1073）至元丰二年（1079），逐步颁行将兵法；元丰七年（1084），颁行保马法，等等。这些变法涉及财政、税收、农业、水利、军事、科举等诸多方面，可以说涵盖了北宋社会的方方面面。由于这些新政都是在熙宁年间推出的，所以史称"熙宁新法"。

"熙宁新法"对改变北宋积贫积弱的局面产生了巨大的影响。在经济方面，以增强国家税收为目的的"青苗法"，以改良农田、兴修水利为目的的"农田水利法"，以打通全国物资流动与供应为目的的"均输法"，等等，深刻改变了北宋王朝的面貌。

在经济新法之中，募役法，又称免役法，实施较晚，但它引发的反对却最强烈，影响也最为深远。

当时北宋的劳役分为杂役和差役，杂役是指为国家兴修水利、修建宫殿等服的劳役，基本上是由底层人民承担的，而差役指的是不同户等的人轮流为地方政府服的劳役。户等不同，所服的差役内容也不同。由于官僚地主可以利用自己的特权和地位想方设法逃避差役，所以差役的负担很大程度被底层人民所承担，使得百姓服役的时间变得极为漫长，甚至连种地的时间都没有，逐渐演变成了劳役不均的严重弊端。这就很不利于社会公平，毕竟劳役本身就属于一种无偿的劳务活动，朝廷是不会给百姓发放工资的，而且在服役过程中所产生的一切花费，都是由服役百姓自己买单。但百姓终归还是要吃饭的，如此一来，百姓没了任何的经济来源，必然陷入穷困潦倒之中。长此以往，势必会激化社会矛盾，甚至是爆发农民起义。

差役法所暴露出的弊端，最主要的问题就是徭役过重以及由此而催生出来的劳役不均问题，也就是劳役体系的不平衡，以至于大家都想方设法地去逃避劳役。此消彼长之下，百姓都不愿意去服役，也不愿意去种地，因为有土地就必须服役。社会生产力也正因此而受到严重的影响。

但劳役作为政权建设之根本，是不能完全没有的，可以削减，但不能没有，解决这个问题还要从这劳役不均方面去下手。

王安石提醒宋神宗，如果想改变这差役法的弊端，以及其所导致的北宋生产下滑的局面，就别再盯着差役法不放了，不妨换个方向，从提升农业生产力的角度去解决差役法的弊端，在适当削减劳役力度之余，只需要再想办法破除劳役不均即可，就是不再单纯地只让底层百姓服劳役，而是除统治阶层以外的所有阶层都要服劳役。与此同时，为了预防官僚地主阶层强行奴役农户的事件发生，不想服役的，也可以通过给朝廷出钱，然后由朝廷来雇佣人应役的形式来"合法避役"。

熙宁二年（1069），王安石在宋神宗的支持下，开始为募役法的推行奠基，即在差役法的基础上开始削减劳役力度。如开封府，光这一府就"罢衙前830人，畿县乡役数千"，一方面说明了此前的劳役力度确实繁重，另外一方面其实也间接地证明了王安石誓要整顿北宋劳役体系的决心。

如此一来，由底层百姓所承担的劳役开始有了很大的改观，最起码不再像往常那样连种地的时间都没有，毕竟劳役少了，那百姓轮流服役的概率自然也就小了。

与此同时，王安石还规定，除了本该服役的"上四等户"阶层可以通过交钱来免役以外，其他原本不用承担劳役的"五等户"阶层也得交钱。这也就意味着，王安石其实是变相地切断了"上四等户"想方设法逃避劳役的途径，大地主也得服役，想免役得交钱不说，还是按"丁"算的，大户人家往往人丁兴旺，这无疑就是一笔极为巨大的支出。这在一定程度上平衡了民心，因为不管是谁，都得交钱，那底层百姓又还有什么理由不服劳役呢？

因此，"劳役不均"的弊端自然也就迎刃而解，百姓也不必再大费周章地去想办法逃避劳役，同时，有了足够的劳动时间，能够把精力放在如何提升农作物的产量上，北宋的农业生产力自然也就有了提升。并且，这些"免役钱"并非全部属于朝廷，劳役还是要有人去做的，王安石用这些"免役钱"的一部分去招募那些没钱免役的百姓，让他们来服役，也就是所谓的"募者执役"。让这些因服劳役而不能种地的人，也同样能够拥有一定的经济保障，不至于出现"坐吃山空"的糟糕情况。

到了熙宁四年（1071），王安石在宋神宗的支持下"罢差役法"，直接就废除了差役法，正式将募役法从幕后推向了台前。

募役法的实行，一方面打击了官僚地主的特权和利益，减轻了底层人民的负担，让贫苦百姓避免了被奴役的风险，缓和了社会矛盾，提升了北宋农业生产力，另一方面也为北宋开创了一条全新的"创收途径"，缓解了宋神宗所面临的"财政亏空"困局，同时，也适应了雇佣经济发展的需要，确实有极为积极的意义。

二、青苗法的是非

在王安石变法中，与老百姓生活最密切、争论最激烈、名气最大的是青苗法。

所谓青苗法，就是在青黄不接时，政府以低息借钱或粮给有需要的农民，等到丰收之后再连本带息归还，以帮助农民度过困难。宋神宗时期，民间高利贷极度猖獗，普通老百姓以种田为生，本来过得很是紧张，赶上灾荒，收成难以保证，甚至连春天下地的种子都没有，地主有存粮，农民万般无奈地从中借粮，利息往往是本金的两三倍，以致造成许多贫困人家破产，严重影响社会安全，危害北宋王朝统治。因此，王安石推行青苗法，希望实现国家与农民双赢的局面。

青苗法规定：农民可在每年夏收和秋收之前，到当地官府借贷现钱（青苗钱）或粮谷，以补助耕作，收获了再附带一部分利息偿还官府。具体操作规则是，以常平、广惠仓的 1500 万石粮食为本金，农民向官府粮仓借贷时，以 10 户作为担保，10 户中必须有上等户 3 户，以他们的私人财产做抵押。每年正月三十借贷夏天青苗款，五月三十日以前借贷秋天青苗款，夏天青苗款必须在五月底之前还清，秋天青苗款必须在十月底之前还清，每期利息 20%。假如出现自然灾害，可以迟交乃至减免利息，只需归还本金。

王安石早在出任鄞县县令时就已进行试点青苗法，效果极佳。及后陕西转运使李参以及京东转运使王广渊又在本地区开展试点，成效显著。在正式颁布实施青苗法前，王安石先在河北、京东、淮南三路进行试点，巩固成果，改善问题后正式向全国推广。他还在青苗法实施的条款中特别加上了"禁抑配"这一条，以杜绝地方政府强行摊派贷款。

那么青苗法实施的效果怎么样呢？

首先，青苗法初步促进了农业生产，一些地方青苗法的推行得到了很好的效果，达到了预期的目的。青苗法对兴修水利有优待条款，使北宋兴建农田水利走向一个高峰，实行后数年内全国兴修大小水利工程超过 1 万个，可以灌溉农田 3000 多万亩。

其次，青苗法给宋朝政府带来了巨大的收入，并且在一定程度上有利于农民。青苗钱收取 20% 的利息，还可以实物归还，仅利息一项收入每年就接近 300 万贯钱，对其"富国""强兵"有着重要意义。

然而，制度设想得再好，当放到现实中去实行时，有时并不会如预想的那般顺利，甚至效果大打折扣，因为好制度最关键的，还是下面执行的人。实际上，在青苗法实施过程中，地方官员的执行力度以及方式，对于青苗法所产生的效果有着重大的影响。许多地方官和提举常平官推行青苗法时很积极，只是为了自己的政绩。同时，也有许多官员看到了青苗法的弊病，或上书反对，或不执行，或故意懈怠，影响了青苗法的执行。而且，由于各地经济发展上存在着差异，青苗法在不同地区的推行也受此影响。在南方经济较为发达的地区，青苗法推行较为便利。而经济较为落后的地区，青苗法则缺少了推行的条件，出现了无法推行的现象。

在青苗法实施过程中，有一些弊端就显现出来了，而这其中，就有几个很严重的问题，其一是强制摊派，其二是官员冒领，其三是催缴。

第一，强制摊派问题。王安石在推行青苗法之时，规定的是"不愿请者，不得抑配"的原则，而为了使得青苗法在全国各地能顺利进行，王安石又将青苗钱的发放与收回作为地方官员政绩考核项目之一。因此，王安石所设想的制度中，执行的官员必须是清正廉洁、不为权钱所动的人。因为，任何事情一与钱权挂钩，原本单纯的事情，就会成为利欲熏心之人的遮羞布，成为他们官运亨通、飞黄腾达的跳板。自从青苗钱成为官员考核的重要项目，地方官员往往使用强制摊派的手段来显示自己的政绩，这就造成了本来家境尚可，不需向政府借贷的人家被迫承担了这一部分债务，反而落得家境窘迫的结局。

第二，官员冒领问题。青苗法的实施对象为农民，像官员或者为朝廷做事的人一般不在此范围内。正如前面所说，官员有考核项目，为了达到考核要求，自己或他人去冒领也是一种手段，能糊弄过去就行。但这样一来，有需要的农民就无法借贷，因为每个地方的青苗钱并非是无限的，是有一定限额的，超出限额就无法借了。更严重的是，冒领之人借此放高利贷，从中牟利。农民在借不到青苗钱时必然会选择其他借贷方式，而冒领之人就会以比青苗钱利息高出很多的利息借钱给农民。如此一来，便会形成恶性循环，甚至债台高筑，家破人亡。

从青苗法中，王安石想让百姓和国家取得双赢。问题就在于，青苗法就好像一个构思的雏形，它留给执行官员太多的可操作空间。原本，青苗法的利息仅二分，但对农民来说，已经不是小数目了。而一些贪官巧立名目，把二分变成四分甚至更高，反而增加老百姓的负担。因此，青苗法未能从上而下形成一个完整的制度，疏漏颇多，成为执行官员升官圈钱的途径和手段，并没有让百姓从中获得实利，而国家获利自然也就少得可怜。

第三，催缴问题。因为政府的本金不够，只有 1500 万本金运转，况且还要有保底措施，只能贷出 1000 万，一旦出现百姓不能按时归还本息，就会影响下一次放贷。为了维护制度能够正常运转，各级政府官员只能强行催缴，贫困户无力缴纳的话只能卖儿卖女，为奴为婢，最终导致很多农民流离失所，出现严重的难民问题。

总之，青苗法实施过程中由于官吏个人意愿及目的、地区差异、腐败、制度缺陷等因素的影响，未能够实现王安石最初"富民"的目的。

三、生老病死苦

制置三司条例司成立后，很快就开始工作，其中最具体而又急迫的是按照神宗的旨意，裁减制定当年和来年的财政支出预算，这涉及朝廷宗室内部和王公大臣的既得利益，是最棘手的问题，也是最得罪人的事。王安石吩咐吕惠卿，对此事的原则是慎之又慎，但态度要坚决，因为这是此次变法的开端，如果出了问题就不好办了。

朝廷上，一般的军国大政就由富弼和唐介、赵忭他们处理。重大的事情，王安石和陈升之也与之共同讨论裁定。而制置三司条例司中具体制定法规和条例时，富弼、曾公亮、唐介、赵忭等人都要参加。

其实，当时变法的最具体的事由吕惠卿主持，由王安石审核拍板，然后拿出来与那几位大臣集体讨论，有时神宗也亲自参加，听取大臣们的辩论。

曾公亮、富弼本来就很佩服王安石的才学，又是几朝老臣，也理解神宗要变更法度的苦衷，所以轻易不发表反对意见。陈升之是以枢密使的身份参与制置三司条例司工作的，与王安石个人关系不错。王安石最开始步入仕途，在淮南任判官时二人就相识，因此他也支持王安石的工作。

唐介是朝廷老臣，耿直有余而才智不足，对变法不理解，在神宗面前经常和王安石争论，喋喋不休，但在理论上他总讲不过王安石，神宗又常常支持王安石而不支持他，他又急又气，旧病复发，竟一命呜呼了。

神宗亲自到唐介家去吊唁哭祭，看到灵柩前放的遗像有点不像本人，就命内侍马上回宫中把唐介的画像取来。唐介的家人都感到诧异，不知道是怎么回事，宫中怎会有唐介的画像？

原来，那还是仁宗朝的事，唐介因为直言敢谏而深得仁宗器重和信任。仁宗让宫廷里的画师给唐介画了一张像，仁宗御笔亲题"右正言唐介"五个字，一直保存在宫中，外边的人谁也不知道。唐介属于仁宗和英宗两代先帝留给后人的直臣，神宗对他很是器重。

制置三司条例司的工作有条不紊地开展，王安石的变法也在大刀阔斧地进行，这就不可避免地触犯许多人的既得利益，既得利益受到损害者与本来就对变法持反对意见的保守派联合起来，对王安石及其所制定的新法进行猛烈的攻击。

制置三司条例司第一项最具体的工作就是制定出具体方案，裁减全国财政经费的支出，把财政支出最大限度地减下来。而开销最大、最浪费的是宫廷宗室及皇亲国戚们的各种额外的赏赐和名目繁多的待遇，这又是最敏感最难办的事。但王安石在请示神宗同意后，还是把这个问题解决了。

庆历年间，吕夷简为了邀买人心，对皇室宗亲和后妃等进行大幅度赏赐，以后就成为定例，一到时候就按照数额进行发放。吕夷简又对宗室实行特殊政策，恩赏官职，以至于达到泛滥的程度，凡是宗亲子弟均安排为宫廷侍卫官，朝廷支出骤然增加。宗室和后妃对吕夷简一片赞美之声，却为后世留下了无穷的负担。

人们往往都有一个心理，在生活待遇上喜升恶降，一旦提高了就不愿意降下来。所以司马光说："由俭入奢易，由奢入俭难。"确实是颠扑不破的真理。

王安石决心要革除这一弊端，新法规定：只有宣祖赵宏殷（赵匡胤之父）、太祖赵匡胤、太宗赵光义这三祖每一支每一代保留一个名额，选择一贤良之人为公爵，其他公爵全部废除。宗室子弟一律需要经过考试选拔后才可以当官。

这一措施打破了大批吃高薪空饷宗室子弟的铁饭碗，这批人在京师里吵吵闹闹，到处煽风点火，造谣生事。这些人与大臣们都有联系，社会活动能量很大，一时间京城中沸沸扬扬，新法一下子成为众矢之的，成为人们议论的焦点。

新法中还连续两次裁减后妃公主及臣僚的推恩钱。所谓的推恩钱就是赏赐的钱，以前这方面的名目繁多，数量很大，而且是固定的，到什么节日，有什么祭祀活动，发放什么礼品，发放多少都有定数。虽名曰赏赐，实际上已经成为一种固定的经济收入，此次也都大幅度的裁减。这又涉及后宫及文武百官了，就连皇太后、皇后、妃子、公主的待遇都大幅度裁减了，王安石的胆量也真够大的。

可想而知，这项举措又得罪了所有后妃和公主，而这些人都是皇帝身边的人，经常和皇帝在一起。她们也成为新法的反对者。因此，神宗在宫中也常常听到有人对新法不满，对王安石进行攻击。

大幅度的压缩财政经费取得了相当理想的效果，再加上省兵并营、裁减军队等措施的实行，当年就使经费支出比每年压缩了40%，而又不影响朝廷任何政务的正常进行。用这些经费中的一部分来提高现职官员的俸禄，又调动了官员们的积极性。

由于财政困难，在变法以前，有许多地方官员的俸禄不能按时兑现，官员们当然有情绪，胆大的官员就巧取豪夺，弄个脑满肥肠，胆小的就苦了。如今一变法，不但俸禄能准时发放，而且还有所提高，官员们怎能不高兴呢？全面一衡量，得大于失，所以神宗更加坚定了变法的决心，更支持王安石的工作了。

王安石学识渊博，有多年的实践经验，深得神宗信任，便无所顾忌地进行变法。当时，曾公亮已经71岁，见王安石果断敢为，朝廷事务纷然，大臣们议论纷纷，就想退出这场将要兴起的纷争，一再提出退休的请求，即使上朝也不管事。

富弼身体不好，总是请病假，三五天也不上一次朝。对新法虽然有些想不通，但见神宗态度坚决，也就睁一只眼闭一只眼，得过且过。

赵忭虽然也已经过了 60 岁，但身体硬朗，性格极其耿直，对新法有许多意见。但他学识不广博，反应也不快，拙嘴笨腮，一着急还有点结巴。每提出一个新方案，他有不同意的地方就要和王安石辩论，可怎么也辩论不过王安石，一着急就光嘎巴嘴说不出话来，憋得是脸红脖子粗。一遇到这种情况，回去后就与家人朋友叫苦连天，连着说："嗜！苦啊，苦啊，真是苦——苦——啊苦——"有时竟连叫十几个苦字。

这些情况传到外面去，京师里的人就送给中书省这五个领导人五个字，叫作"生""老""病""死""苦"。"生"是说王安石生气勃勃，锐意变法；"老"是说曾公亮老了，只想退休；"病"是说富弼有病，总是在家休病假；"死"是说唐介竟抑郁致死，再也不能"参加政事"了；"苦"是说赵忭，遇事就争论，争论不过就会叫苦连天。这几个字概括得极其精彩形象。从以上这些情况也可知变法已经深入人心，成为了人们的热门话题。

第
五
章

冲破阻力

一、朝廷辩论会

王安石担任参知政事以后，全力推进改革变法运动。在他的提议下，朝廷专门成立了一个统筹谋划改革变法的机构——制置三司条例司，一批拥护改革变法的官员进入了这个机构。然而，就在条例司成立后不久，王安石的得力助手吕惠卿与翰林学士司马光在朝堂之上进行了一次著名的辩论。

王安石很器重吕惠卿，吕惠卿因此担任制置三司条例司检详文字，相当于改革变法领导小组机要秘书，后又升任太子中允（太子东宫侍奉官）、崇政殿说书（皇帝的教师）。吕惠卿成了王安石变法的左膀右臂，条例司里事无大小，王安石必与他商议，改革变法的文件也大都由吕惠卿起草拟定。有人开玩笑说，变法派中如果王安石是孔子，那么吕惠卿就是颜回，可见当时他们俩的关系之亲密。从这个意义上来说，吕惠卿与司马光之间的辩论，也就是王安石跟司马光之间的辩论。

吕惠卿与司马光争论的焦点是：祖宗之法究竟能不能变。吕惠卿认为可以变，司马光认为不能变。从宋英宗治平三年（1066）四月起，司马光一直在奉诏编写《资治通鉴》，这是为皇上编写的一部编年体的历史教科书，让皇上借鉴历史来治理国家。司马光每完成一部分，就会给皇上讲解其中的内容。神宗熙宁二年（1069）十一月十七日，司马光给神宗讲西汉曹参接替萧何任宰相这件事。司马光说：曹参接替萧何担任宰相，并不变更萧何所制定的法令法规，"萧规曹随"就是守成之道，所以汉惠帝、吕后统治时期，国泰民安，丰衣足食，天下繁荣。

神宗有点儿不相信，觉得西汉的制度哪能一成不变呢？司马光解释说：如果夏、商、周的君王能够固守前代君王的制度，那么这三个朝代就不会灭亡。所以周武王灭掉商朝后宣布：继承商代的制度，一切都不改变。汉武帝听信了张汤的意见，更改汉高祖的制度，结果盗贼猖獗。汉宣帝则继承汉高祖的法度，天下很快又走向大治。《诗经》上说得好："不愆不忘，率由旧章。"意思是遵循以前的规章制度，我们就不会犯错误。荀子也说："有治人，无治法。"意思是说治理国家的关键在人，而不是法。所以治理国家关键在于用人，而不在于变法！

可神宗总觉得司马光说得不够全面，就问："你说的固然有道理。但制度毕竟是人制定的，也要靠人去执行，它们两者应当是相得益彰的吧？"神宗的弦外之音很明确：制度是人根据实际情况制定的，实际情况变了，制度也应当改变。制度是死的，人是活的，制度要随着人的变化而变化，活人怎么能被死制度束缚呢？司马光却说："如果用人得当，就不用担心制度不健全，如果用人不当，制度再健全也无法很好地执行。所以用人是当务之急，至于变法，不着急。"

两天后，吕惠卿给神宗授课，有针对性地讲了自己的看法："先王的法令怎么可能一成不变呢？只不过变化的周期长短不同罢了，至于司马光列举的汉朝那些事儿，都与事实真相不符。当初汉高祖进入关中，萧何协助他与秦中父老约法三章，后来形势变了，萧何又参考秦朝的法令，制定了新的《九章律》。后来的汉惠帝、汉文帝，都曾依据实际情况废除了《九章律》中的一些法律条款。至于汉武帝时期盗贼群起，并不是因为他变更法度，主要是因为他穷兵黩武，穷奢极欲。汉宣帝功勋卓著也不是因为他一成不变，而是因为他任用贤能，注重吏治，赏罚分明。总之，为政之道贵在变通疏导，岂能坐视弊端丛生而一成不变？最近朝廷正在改革变法，出台了不少新的法律法规制度。司马光一定对此心怀不满，所以说出这些话来暗讽新法。希望陛下洞察司马光的真实用意，如果他说得对，那么从谏如流，如果不对，您也应该告诉他错在哪儿。不要让他隐瞒自己的观点，应当召见司马光，大家在一起讨论，只有统一了思想认识，才好合力做事。"

神宗觉得吕惠卿说的在理，于是立刻召见司马光，将吕惠卿的看法转告给他，问他的意见。司马光回答："我没有讥讽新法的意思。我认为治理国家好比整修房屋。房屋有问题自然要整修，但除非已经破败不堪，否则不必拆了重建。即便是重建房屋，也需要优秀的工匠与优质的材料。如果这两者都没有，还怎么重建？三司本是财政机构，如果不合格可以撤换官员，但不能让政事堂、枢密院这两个行政、军务机构插手财政的事情，这就乱了章法。现在新设的制置三司条例司将政事堂、枢密院、三司的人搅和在一起，算怎么回事？"话锋所指，直逼这个新设置的变法机构，挑战其存在的合法性与合理性。

吕惠卿自然不肯示弱，立刻回答说："司马光身为侍从之臣、进谏之官，见朝廷有不当之事就该直言不讳。如果做官的人不称职，就该让他辞官，如果是谏官进言不当，就该让他回家。哪能就这么说说算了！"言下之意是，司马光你有话就明说出来，别遮遮掩掩的，而且你身为谏官，说话要负责任，如果进言不当，就是不称职，就该走人！

司马光一听就生气了，立刻问神宗："陛下，前不久我曾上书指出朝政的不当之处，其中就包括不该设立制置三司条例司，不知道陛下看到没有？"神宗点头。司马光于是说："这样说来我还是尽到了谏官的职责。至于说我的谏言不为朝廷所用却还赖在朝廷不走，这的确是我的过错。吕惠卿责备我，我无话可说。"两个人越说越激动，眼看就要吵起来了，神宗赶紧打圆场，安慰司马光："大家在一起讨论讨论，主要是为了解决问题，不过说说罢了，不至于如此，不至于如此！"站在一旁的翰林学士承旨（翰林学士院院长）王珪也来打圆场："司马光的意思，恐怕是说朝廷的变法之事，如果弊多利少的话，也不一定就非得坚持，可以慢慢来嘛。"一边说一边给司马光使眼色，让他别再说了。

但是神宗并不打算结束这个话题。他问王珪："现在只要有所变革，朝廷上下就议论纷纷，都说此事不可为，但又不明说为什么，这是怎么回事？"王珪是个老滑头，他说："我身份低贱，朝中的事所知甚少，民间的事也不知道真假虚实。"神宗立刻说："听到什么看到什么就说什么。"司马光耿直地说："朝廷现在实行青苗法，这事不大妥当。原来富户发高利贷，贫户遭受富户的盘剥。现在贫户们跟朝廷借青苗钱，如果还不上，官府督责起来，他们恐怕更没有好日子过。"吕惠卿立刻反驳说："您说的不对。过去富户发高利贷，是害民；现在官府贷青苗钱，是利民！而且贷青苗钱给贫户纯属自愿，并没有强迫他们。"司马光说："老百姓只知道借贷的好处，不知道还贷的难处。青苗法这种权宜之计弊端太大。"吕惠卿马上反驳："司马光无非是说现在的官员都不称职，都在残害百姓。"司马光也不客气："吕惠卿说得对，前两天我跟皇上说过，治理国家的关键在人，不在法。"接着话锋一转，又说："法令制度的小事，陛下委派有关部门处理就是。皇帝的主要精力应该放在选拔优秀人才方面。"

辩论一直持续到下午，最终不欢而散。临走的时候，神宗特别安慰司马光："不要因为吕惠卿的话不中听而不高兴。"神宗虽然坚定地支持变法一派，但是他也很重视反对派的感受。他支持改革变法，也很重用反对派官员，尤其对司马光这样道德学问一流的重臣，更是尊崇有加。司马光比吕惠卿大 13 岁，官位、声誉、资历都堪称吕惠卿的长辈，却在辩论中屡遭吕惠卿的强硬反驳，神宗不得不考虑这位 50 岁大叔的感受。

这场辩论在吕惠卿与司马光之间展开，但我们可以肯定，吕惠卿不是一个人在辩论，而是与王安石站在一起同司马光进行辩论。正如苏辙所说，王安石对于吕惠卿，就好像鸟展翅护卵，父亲养育儿子，师傅培养徒弟那样有哺育之恩。他们在政治上团结得如此紧密，仿佛一个人一样。所以吕惠卿与司马光的对话，就其实质而言，完全可以看作是王安石与司马光的对话，也是变法派与反对派的一次辩论与对话。

司马光对于变与不变有自己的理解。所谓不变，主要是指一些基本的政治理念与原则，比如仁政的理念、宽以爱人的原则，等等。所谓变，主要是指一些具体的策略与措施。比如改变权力过度集中的状况，改革官场因循苟且、推诿怠惰的作风，等等。司马光曾说："今灾变至大，国用不足，臣谓不可不小有变更。"又曾进言神宗说："今陛下欲振举纪纲，一新治道，必当革去久弊，一遵正法。"可见司马光并不一昧地反对革新变法，只不过这种变化、革新必须在他认同的范围内。

这次辩论暴露出变法派与反变法派在治国理念上的根本分歧，将改革派和反对派的矛盾引向了公开化，也预示着他们必然走向翻脸。

二、队伍不好带

如果说在这次辩论之前，改革派与反对派的矛盾还在暗处，双方还没有撕破脸皮，那么吕惠卿与司马光的这次朝堂辩论，就将这种矛盾公开化，双方阵营开始了一种意气之争。而此时让王安石感到棘手的，不仅仅是这种改革派与反对派的矛盾，更重要的是在改革阵营内部，如何选用和带领一批能力出众、对改革变法能够坚决支持的官员，这是摆在王安石面前的一个难题。

为了尽快推进改革变法，王安石进行了大刀阔斧的人事调整，他任命了一大批拥护新法的官员，在政坛上掀起了轩然大波，对革新变法也产生了巨大影响。这些新进的官员情况比较复杂，大体分为四种类型：

第一种，开始参与变法活动，但是很快转向成为持不同政见的官员，比如苏辙。王安石发现苏辙在论述问题上有抑制兼并而要求改革的意思，就把苏辙安排到制置三司条例司中来，任命他为检详文字，主管审查复核变法部门所有文件。神宗与王安石都很器重苏辙，但苏辙是一个传统儒学官员，耻于言利，认为新法的本质是与民争利的敛财行为，所以他虽然在条例司工作，却总与王安石唱反调，甚至指责批评王安石，这让王安石既难堪又生气，没过多久，苏辙就离开了条例司。

第二种，忠实的追随者、执行者，如吕惠卿与李定。吕惠卿前面提到过，他最早登上政治舞台是由于欧阳修的推荐。此人也确实精明强干，有很强的工作能力，但就是过于急功近利，功名心太重。他积极支持王安石变法，有相当一部分是投机行为。

李定是王安石的学生，颇受王安石与神宗的青睐，任命他做谏官，后来又提升为监察御史里行，李定也没有辜负他们的信任，成为变法派最坚定的成员之一。因此，反对派坚决反对李定担任监察御史里行。知制诰宋敏求、苏颂、吕大临三人同时上书神宗，认为朝廷越级提拔李定为京官，又越级提拔他为监察御史里行，乱了规矩，将任命李定的诏书封还给神宗。神宗毫不妥协，连续四次下达这个任命，宋敏求等三人就连续四次将诏书封还给神宗。神宗大怒，立刻罢免三人的职务。他们因此成为士大夫中硬骨头的代表。

李定虽然上任了，但是反对派并未善罢甘休。监察御史（负责监察的高级官员）陈荐上书弹劾李定，说他任泾县（今属安徽）主簿（县衙属吏，掌管文书印鉴）期间，母亲仇氏去世，他却不为母亲守孝。这可是一个大罪，神宗立刻下令彻查，不久调查清楚了，李定确曾辞官回家侍奉老父，但并没有说是给母亲守孝。李定的老父亲则证明仇氏并非李定的亲生母亲。李定也为自己辩护，说当初不确定仇氏是不是自己的亲生母亲，所以不敢贸然明说为其守孝，只能借口回家侍养老父。王安石力挺李定，罢免陈荐，改任李定为崇政殿说书。监察御史林旦、薛昌朝、范育一起上书朝廷，认为李定是不孝之人，不宜担任皇帝的授课老师，王安石推荐不孝之人就是犯罪。王安石二话不说，立刻奏明神宗罢免了这三人的官职。一时间朝廷上下舆论哗然，议论纷纷。李定作为当事人，压力很大，请求辞官，朝廷也理解他的难处，便改任他为集贤校理、检正中书吏房公事（中书门下省属官，负责分理文书，检察省务）。

　　但是事情还远远没有结束。反对派不达目的不罢休，利用一切机会来抹黑李定，其实也就是间接抹黑王安石与他的变法。当时有个名叫朱寿昌的人，他父亲在陕西做官时，小妾刘氏生下朱寿昌。之后刘氏离开朱家，母子50余年无缘相见。朱寿昌做官后多方寻母都没有结果。最终他决定辞去官职，专门去寻找生母，否则誓不还家。苍天不负有心人，他终于在同州（今陕西大荔）找到年逾古稀的生母刘氏。当地官府将这个传奇故事上报朝廷，朝廷立刻下诏让朱寿昌入京为官。当时正值李定的事件闹得沸沸扬扬，王安石为了保护李定的声誉，便低调处理朱寿昌一事，任命朱寿昌为通判（相当于副市长）。几年后朱母病卒，朱寿昌痛哭过度，眼睛几乎失明。士大夫们纷纷作诗称颂朱寿昌的孝道，苏轼还特意作序文，称赞他的道德，暗讽不孝之人的德行。李定看到苏轼的序文，心里非常郁闷。其实，反对派对李定的攻击越猛烈，也就越证明李定变法的坚定立场。大家心里也都明白，李定之所以突然间变成了一个不孝之人，归根结底就是因为他讲了青苗法的好话，才让反对派们怀恨在心。

还有第三种官员，他们是革新变法的投机者，如宁州通判邓绾。当时邓绾上书朝廷说："陛下得到伊尹、吕尚的辅佐，制定新法，老百姓莫不载歌载舞，歌功颂德。宁州就有这样的例子，窥一斑而知全豹，想必一路的百姓也是如此，想必全国的百姓也是如此。不要理会那些议论，请坚定地贯彻执行新法！"伊尹曾辅佐成汤建立商朝，吕尚就是姜子牙，曾辅佐周武王建立周朝。如果王安石是伊尹、吕尚，那神宗就是商汤、周武王了。邓绾显然是在拍神宗与王安石的马屁。

王安石正值用人之际，所以就将邓绾推荐给神宗。神宗立刻召见邓绾。邓绾又去拜见王安石，两人一见如故，相谈甚欢。朝廷任命邓绾为集贤校理、检正中书孔目房公事（集贤院校勘整理员兼中书省档案管理员）。

第四种官员，则是由于政治权力争斗而离开了变法团队，比如与王安石一同主持条例司的枢密副使陈升之。陈升之很狡猾，内心并不认同条例司的设置，但表面上很支持王安石。王安石对此毫无觉察，因此极力推荐陈升之担任宰相。可是陈升之当上宰相，立刻就变脸了，再也不愿过问条例司的事务，对王安石说：

"条例司是政府的下属部门。我是宰相，应该统领朝廷的一切政务，再主持条例司的工作名不副实。"陈升之还认为没必要设置独立的三司条例司，应当取消或者并入中书省。王安石听了很生气，因为陈升之的态度表明，他开始退缩，想要脱离变法派，甚至开始反对变法。这令王安石感到愤怒。关键时刻，神宗还是站在了王安石这边。他建议王安石一个人全权领导三司条例司，但王安石以为不妥，坚持要集中中书、枢密、三司三方的权力来推行变法，便决定与枢密副使韩绛共同领导条例司的工作，陈升之与王安石的合作也就此结束。

以上四种类型的变法派官员，从一个侧面展现出变法中所遭受的境遇。变法派的内部尚且如此鱼龙混杂，反对派的抨击更是不遗余力。

三、反对的声音

在反对派的眼中，王安石结党营私专权。他们不敢对神宗指手画脚，于是对王安石"泼脏水"。

熙宁二年（1069）十月间，陈升之担任宰相之初，神宗问司马光："外界对此有什么反应？"司马光回答说："曾公亮与陈升之这两位宰相都是福建人，王安石与赵抃这两位副宰相都是楚国人（王是江西人，赵是浙江人，均属楚国旧地）。他们做了宰相，肯定会提拔自己的老乡做官，彼此结为朋党，天下的风俗怎么可能淳朴呢？"神宗不同意，他认为陈升之有才智，通晓军政要务，任命他为宰相可以弥补朝政的不足。司马光同意陈升之有才智，但他认为陈升之意志薄弱，原则不够坚定，像他这种立场不稳的"才智之人"，需要"忠直之士"的约束与监督。神宗问他对王安石的印象。司马光回答："人们都说王安石是个奸邪之人，这样诋毁的确有些过分，但王安石确实有些不通人情世故，而且个性过于执拗倔强。"神宗又问他对吕惠卿的印象。司马光回答："吕惠卿为人奸巧，不是好人。王安石遭到天下人的诽谤非议，主要就是因为这个吕惠卿。最近朝廷提拔此人，很不得人心。"神宗不同意，他认为吕惠卿讲话应对清晰、逻辑分明，很有才华。司马光回答："吕惠卿的确有文学造诣，也很有辩才，但是此人心术不正。您看看历来的奸臣，哪个没有才华？没有才华怎么打动君王的心呢？"

面对反对派毫不留情的猛烈抨击，王安石不得不以铁腕相对，罢免了一大批反对变法的官员。

范仲淹的儿子、曾担任陕西转运副使的范纯仁反对王安石变法。陕西在当时是北宋和西夏的边境，范纯仁任满之后，回到京城向皇上述职。范纯仁对变法很不满，他向皇帝上奏说，王安石变更祖宗法度，天怒人怨，现在朝野都敢怒不敢言，他要求罢免当朝宰相，起用富弼，废除新法。神宗没有听取他的意见，压下他的奏章。范纯仁却不依不饶，将自己的奏章复件到处散发。神宗很生气，于是将范纯仁贬到地方去了。

王安石与李常原本交好，并任命他为三司条例司检详官，改右正言、知谏院。可是李常任职知谏院后，上书讨论新法，认为设置条例司招致天下非议，而均输、青苗等法还往往附会经典，借机敛财，实在是流毒天下。王安石一听很生气，当即就罢免了他。

有一个叫张戬的官员上书讨论王安石变法的是非，提议裁撤条例司，反对变法的所有主张，并弹劾变法以来王安石任用的所有官员。他还跑到王安石他们办公的地方中书省去责骂。当时曾公亮俯首不答，王安石则以扇掩面而笑。张戬大怒，骂道："笑什么笑，别以为今天你在这里笑我，殊不知天下笑你的人多了去了。"陈升之在一旁劝解，也被张戬一顿羞辱。不久，张戬被贬谪。

翰林学士郑獬、宣徽北院使王拱辰、知谏院钱公辅均因反对变法被罢免。当时的御史中丞吕诲上书反对："三人无罪被黜，甚非公议"，认为无罪而罢免三人，有失公允。神宗同王安石交换意见，王安石坚决地回答说："我早就将个人得失置之度外了，只是惭愧没有及早罢免这三人，以致影响到变法工作的开展。"

苏辙也曾上书反对变法。神宗拿着苏辙的奏章给王安石看，问苏辙的文章同他哥哥苏轼相比如何。王安石回答说，苏辙兄弟的文章注重气势和技巧，容易激发对方的情绪，从而说服对方，但实际上华而不实，不堪大用。

王安石常常为变法同对手争得面红耳赤。有一次，他与别人争执新法时怒不可遏，批评在座的人都不读书，胸中无学问。副宰相赵抃当面反驳说："此言差矣，上古贤臣皋、夔、稷、契，他们又读过多少书，不也同样把国家治理得很好吗？"从这以后，赵抃同王安石就结上了梁子，言论也多有冲突。

面对反对派的种种攻击，王安石采取了不少强硬的举动。然而这引起了反对派更大的反弹。不久之后，王安石就被卷入了"十宗罪"与"三不足"的舆论旋涡之中。

王安石担任参知政事不久，谏官吕诲便上书弹劾王安石，认为王安石"大奸似忠，祸国殃民"，罗列其有"十大罪状"。

第一大罪状是对朝廷和皇上傲慢无理。他举的例子是斗鹌鹑案件。两个年轻人斗鹌鹑发生争执，导致一人死亡，朝廷司法部门判犯人死刑，王安石却坚持认为犯人属于意外伤害，罪不至死。司法部门最终判了案犯死刑，朝廷命令王安石向审判机构认错，王安石死活不去。这分明是傲慢无礼，无视朝纲。

第二大罪状是王安石前倨后恭，有政治野心。王安石本是地方一小官，仁宗、英宗屡次征召他进京为官，他都推辞不就。而神宗让他做翰林学士，他就欣然接受，如今他步步高升，也没有辞官的意思，这就是前倨而后恭，有政治野心。

第三大罪状是对皇上不敬。王安石给皇帝侍讲，居然要求坐下讲学，以帝王师自居，对皇帝不尊敬。

第四大罪状是与同僚关系太差，每每办错事就归罪于皇上。王安石做了副宰相之后，不能听取同事的意见，独断专行。每次都独自与皇上讨论政务，有功则归己，有过则归皇帝，品格卑劣。

第五大罪状是用感情代替法律、混淆法律。列举了阿云杀夫事件，阿云按律当死，然王安石出于同情，偏要为阿云网开一面。

第六大罪状是任人唯亲，不能举贤任能。王安石出任宰相以来不能举贤任能，却重用小人，甚至举荐自己的弟弟。

第七大罪状是气死大臣唐介。王安石在和唐介争论阿云杀夫案时，咄咄逼人，逞一时口舌之快，致使唐介愤懑而死。

第八大罪状是意图专权。王安石请求让中书省自行决断，不必凡事都奏请皇帝。

第九大罪状是结党营私。大臣章辟光奏请岐王搬出皇宫，迁居王府，是离间皇帝兄弟，按罪当诛。王安石却处处维护此人，招揽人心，私结朋党。

第十大罪状是设置三司条例司，将财权、军权、政权集于一体，对国家造成重大危害。

吕海的水平比范纯仁高出一截，他直接网罗了"十宗罪"，而且都言之凿凿，有根有据。大概吕海也是为了凑个整数，比如气死大臣、不团结同僚，硬说成罪有点牵强。在这十条当中，最核心的是最后一条，设置条例司这个改革机构是对北宋朝廷体制的很大突破，也是一种威胁。宋代的政治体制最大的特点是分权，宰相只管政务，枢密使只管军务，三司只管财务，互不干涉，分别对皇上负责。但是设置条例司以后情况就不一样了，实际上是把原来分散的权力都集中在条例司里。王安石这样做是为了改革变法的需要，要把所有的权力都集中到一起，便于决策。但这样做对于宋代的祖宗家法是一个挑战。所以吕海提出来这十大罪状，其中心思想是认为王安石的变法已经触及了北宋王朝的祖宗家法，这是非常危险的。他一再强调，王安石的这些罪状会祸国殃民，导致严重后果。

吕诲是个有头脑的谏官，一下子就击中了王安石新法的要害。王安石变法涉及面这么广，不可能不触及体制问题。北宋的体制如同一把双刃剑，固然给社会带来了稳定，但也恰恰是它的缺点，使整个社会没有活力，死气沉沉。王安石要变法，就必须破除一些不合理的社会体制。然而改变社会体制，就是抛弃祖宗法制，就是大逆不道。因此，这十大罪状中有些要害的条款对王安石变法构成了重大的威胁。

然而，宋神宗是坚决支持王安石的，很快他就将吕诲贬官出京，这次弹劾风波就此平息。然而，让宋神宗和王安石没有预料到的是，一场更大的风波悄然而至。

就在王安石全面推行变法的时候，司马光在熙宁三年（1070）举行的进士考试中，出了这样一道题：

天地与人，了不相关，薄食、震摇，皆有常数，不足畏忌；祖宗之法，未必尽善，可革则革，不足循守；庸人之情，喜因循而惮改为，可与乐成，难与虑始。纷纭之议，不足听采。

意思是说，现在社会上有这样一种舆论，认为老天爷发生饥荒、地震等天灾跟人世间的政治没关系，不用怕；祖宗的法令不管是好还是坏，我们都用不着去尊重它；老百姓有什么反应，有什么议论，也没有什么好担忧的。概括起来就是"三不足"："天变不足畏，祖宗不足法，人言不足恤。"

这个考题就是针对"天变不足畏，祖宗不足法，人言不足恤"的舆论而出的。

司马光表面上是让考生辨析这三个问题，实则早已暗示了答案，很明显，这道考题是针对王安石的。司马光其实就是借这次策问来鼓动考生反对变法。司马光此举确实达到了一箭双雕的目的。

神宗皇帝一下子就识破了司马光的用心，在审阅之时把题目划掉了，让人重新命题。意图很明显，神宗在袒护王安石，但是他认识到了问题的严重性。

对神宗来讲，这个问题之所以相当严重，还得从"三不足"的根源说起。孔子曾经说过："君子有三畏：畏天命，畏大人，畏圣人之言。"

第一，畏天命。天命指的是社会、自然的法则。一个人要敬畏自然的法则、社会的法则，历史的法则，不可以妄自尊大，挑战自然、社会法则。

第二，畏大人。应该敬畏那些有智慧、有德行的在位者。实际上是说，应该尊敬社会秩序的维护者。

第三，畏圣人之言。对圣人的教导要有所敬畏。

也就是说，一个人在世上，要遵守社会和自然的法则，要尊敬社会秩序的维护者，要敬畏圣人的教导。"三不足"其实是公然与孔子"君子有三畏"唱反调。孔子在北宋社会已经被尊为"文宣王"，当时称颂孔子是"人伦之表"，尊儒学是"帝道之纲"。孔子在北宋的社会舆论中占据着至高无上的地位，是封建法权的象征。宋神宗胆子再大，也不敢冒天下之大不韪说"三不足"，因为这等于是向整个社会的公序良俗提出挑战。

北宋的封建法权、社会道统已经非常完善。皇帝的权力在世俗政权阶层具有绝对的权威性，但是也不能挑战这个社会的道德、伦理、舆论的底线，"三不足"让宋神宗很难接受。他不可能挑战孔子，也不可能挑战儒家的学说，更不可能挑战社会意识形态，否则就是在挑战他这个皇帝存在的基础，他需要用儒家的思想理论来巩固和强化自己的皇权。改革变法是可以的，但是老天爷发怒了，还是要有敬畏之心的；老祖宗留下来的遗产，还是需要尊敬的；官员们、老百姓们发表了不同的意见，还是应该有所考虑的，不能为所欲为。

一天，神宗和王安石谈话，提到这个事情，神宗问王安石："你听说过'三不足'这种说法吗？"

王安石回答："臣没听过。"

神宗对王安石道："外面人都说，现在朝廷是'天变不足畏，祖宗不足法，人言不足恤'，昨天翰林院拟试进士题，专指此三事，爱卿听说过这样的话吗？"

王安石沉思片刻，从容说道："臣未听说过这样的话。臣辅助陛下变法以来，陛下励精图治、兢兢业业，每做一件事情，唯恐伤害了百姓，凡事都以百姓利益为本，这就是'惧天变也'。陛下特别注意听取不同意见，但众人之言也有不值一听者，那些陈旧迂腐之见，必须加以驳斥。至于说祖宗之法不足守，则本当如此。仁宗皇帝号称守成，在位40年，也屡次修改成法，更何况陛下这样的有为之君呢？"

王安石进一步说道："古人一直以为地震、瘟疫之类的灾难都是上天发怒的象征，并把这些灾异和君主联系起来，臣却不以为然。依臣看来，大地万物自有其规律，日食、月食、地震等都是自然现象，和君王的行为没什么关系。我说的此番话，陛下不一定会全部认同，天地之道，玄虚难测。但对流俗之言却不必畏惧，流俗之人不学无术、目光短浅，看问题只是从自身出发，不能纵观全局。做大事者，只要认准了一件事是正确的，于国于民是有利的，还害怕流言吗？"

王安石回答得相当婉转。他的意思是，这话我们谁都没说过，是造谣。您是一代明君，更没有说过"三不足"。相反，您在改革变法中顾及黎民百姓的利益，处处为百姓着想，这就是畏天命；您在变法中能采纳意见，集思广益，及时纠正失误，这就是人言足以恤。至于祖宗之法，有的法可以继承，有的法是必须要变的。我们的祖宗也是在不停地变革，在改革中前进，这不意味着反对祖宗的法度。王安石告诉神宗，如果听到流言纷纷，立场和原则就开始发生动摇，这对改革变法是有百害而无一利的。神宗听了王安石的一番话，心情才平静下来。

神宗是这个大盘的"操盘者"。神宗要当稳这个皇帝，不仅要协调和平衡各方面的关系，还要有充分的舆论和天命理论来支撑他，他不能让根本的立足点发生问题。神宗一方面力挺王安石改革，一方面又不敢违背所谓的天命、祖宗和舆论。变法就在这样的一条夹缝当中向前推行。

四、坚定地前行

王安石的变法触动了很多人的根本利益，朝野之中反对王安石的浪潮此起彼伏，有明枪也有暗箭。其中，最令人胆战心惊的莫过"十大罪状"和"三不足"的攻击。而在改革阵营的内部，又不断有人背信弃义，走向对立面，王安石的改革变法可以说是举步维艰。但是变法依然能够继续进行，离不开两个主要因素，一是宋神宗的大力支持；二是王安石的坚定意志。

宋神宗是王安石的强大后盾。当初王安石担任翰林学士时，神宗对他青眼有加。翰林学士充其量也就是皇帝的高级顾问，但神宗遇事不决之时，常常想到王安石。参知政事唐介向神宗汇报工作，神宗却要咨询王安石之后再作决定，唐介很不高兴，说："中书省宰相商量的都是国家大事，怎么能取决于一个翰林学士呢？现在您事事都听王安石的，那还要我们这些宰相干什么？"唐介甚至以辞职向神宗皇帝抗议，但并没有影响王安石在神宗心中的地位。

王安石当了宰相之后，神宗更是全力支持他的工作。

王安石认为中书省在办理公务时，事事都要让皇帝亲自批复，这非常费工费时，影响工作效率，中书省以后不必事事都呈报皇上，有些事可以自行决断。王安石这样做是在挑战大宋的祖宗法制，有"为人臣擅命"的嫌疑。宋代对君权、相权有一套成熟的制衡制度。皇帝有旨意必须拿到中书、门下省经宰相们商议，认为可行，才能以圣旨的名义颁布，如果被宰相们否定，则要退回再议。宰相们有建议或者主张一定要呈送皇帝御批，然后以皇帝的名义颁发圣旨。

王安石要绕过皇帝，自行决断，这就会极大地威胁到皇权，容易造成架空皇帝和宰相专权的局面。神宗看到王安石的建议，虽然感到震惊，也没有在公开场合表示同意，但他实际上默许了王安石这个请求。可见神宗对王安石信任到了什么程度，他相信王安石这样做不是为了结党营私，而是为了更好地推行改革变法。因为王安石只有获得最大的权力空间，才能当机立断，处理纷繁和复杂的改革事务。由于得到神宗的全力支持，王安石更加大胆地强化改革力度。

王安石早就意识到变法会面临巨大阻力，特别是观念上的交锋会十分激烈，因此他早就做好了向这些阻力开战的准备。表面来看，变法派似乎占有很大的优势，有皇帝的支持，再加上王安石的强势推动，实则不然。神宗变法的热情非常高，但除旧布新的魄力有限，他虽是变法派的坚定支持者，但又不能完全融入变法派的阵营之中，因为他是变法派与守旧派的调和者。而守旧派实力非常强大，绝大多数皇亲贵族都属于这一阵营，更重要的一点是高太后，也就是神宗的母亲，是守旧派的积极响应者。尽管双方在实力上来说势均力敌，但由于守旧观念的基础是占统治地位的儒家思想，事实上是很难动摇的。

在儒家传统观念中，祖宗所遗留下来的东西后人都必须毫无保留地继承。因此，崇古就成为约定俗成的价值观。保守派坚持认为，祖宗之法是万不可变的，变更祖宗的法度是一项莫大的罪名。司马光甚至宣扬一种越变越退步，越变越亡国的论调，主张应世世代代遵守祖宗之成法。

王安石在这场斗争中，表现出了大无畏的战斗精神。面对种种责难，王安石并没有畏惧，为了实现富国强兵的目标，王安石必须要咬紧牙关，义无反顾地推进改革变法运动。

神宗对于改革的阻力似乎没有足够的心理准备，所以有时摇摆不定，这也就使得守旧派有机可乘，经常通过各种渠道在神宗面前诋毁变法，试图阻挠改革的步伐。其实神宗也是左右为难，一方面他希望改革能够顺利进行，实现富国强兵的目的；另一方面，他又不希望引起太多的矛盾冲突，他总想找到一条阻力最小的捷径，但在当时的北宋无处可寻。

变法派与守旧派进行了激烈的交锋。吕诲对王安石的变法进行了猛烈抨击，他将政事比作水，认为安静的水才能澄清，搅动水必然会浑浊，凡事都要顺应天命，不能逆天而行，像王安石这样随意变法的人，不应再居于朝廷，应立即贬谪。富弼也指出，王安石在变法时任用小人，违抗了天命，因而到处都有地震、瘟疫，以致四方人心日益摇动，一片混乱，因此最好能够尽废新法。

总是有人不停进谏。为了不失人心，王安石就和神宗谈起人心得失问题。王安石说，所谓人心，必先符合理义，如果符合理义，就算是"周公致四国皆叛不为失人心"，如果不符合理义，"王莽有数十万人诣阙颂功德不为得人心也"。意思是，众叛亲离，不一定就做错了；万众欢呼，也不一定就是正确的。所谓人心，并不能作为衡量一件事物正确与否的唯一标准。

王安石在制定新法的时侯非常慎重。每当朝廷下达新的政策之前，王安石都会派转运使、提点刑狱、各地州县长官询问百姓，然后再立法。等立法确定之后，又告知百姓，直到大家都较为满意时，再正式下令实行。不论新法是否全部做到了民无异词，提出这一标准已充分体现了王安石对百姓意见的重视和对人心民意的尊重。

由于变法触动了大地主、大官僚阶层的利益，因而在包括富商在内的社会上层，一时之间反对变法的声音占了主流。对保守派来说，他们无法想象王安石这样的士大夫为何会背叛自己的阶层，置本阶级利益和呼声于不顾。其实王安石比他们想得更远，他考虑的是国家整体和长远的利益，为此暂时牺牲上层阶级的利益而让贫困至极的下层百姓得到一点好处，是完全应该的。但保守派视自己的利益至上，完全不顾百姓的死活。像王安石这样目光远大、刚正不阿、体恤下情的政治家能冲破一切阻力为百姓谋利益，虽然最后没有获得成功，但其精神和勇气却是无人能及，他的贡献更是不可抹杀的。

一个人能有远大的理想固然可贵，但更为可贵的是，为实现这个理想有排除万难的勇气和"虽九死其犹未悔"的执着。这正是孟子所说的"道之所在，虽千万人吾往矣"的境界。从王安石不畏艰险、不怕压力、不惧困难的大无畏的气概中，可以看出他坚毅的个性、坚定的信念和强大的人格魅力，这也是永远值得后人敬仰和效仿的！

第
六
章

大好形势

一、省兵置将

王安石变法使得北宋朝廷财政收入大幅增加，正是因为有了这丰厚的财政基础，王安石才有条件进行军事改革，他深知北宋军队战斗力太差，为了提高军队战斗力，加强军事力量，改善军队武器装备，他对军队进行了整顿。

王安石整顿军队，最为引人注目的手段是省兵，这可能是中国古代最大规模的一次和平裁军，王安石作为直接指挥者，其魄力和勇气，都不是一般愚弱文人所能企望的。

为了淘汰那些扶不起来的老弱者，军队对禁军和厢兵进行了全面考核，那些身高不合格、体能不达标、通不过考核的一律淘汰，逐级下放，直至免为平民。而农村保甲中，有武力高强者就可以破格选进军队，无论做什么工作，先发工资。

除了淘汰老弱兵，王安石还对各地兵力进行合并精简，整营整营地裁减，其中仅陕西一路，"马步军营三百二十七"被并为"二百二十七"，减掉一百个营。通过并营，有效精简了各地军队。合并军营的做法一直持续到元丰年间，"岁有废并甚众"。

作为强兵的措施，王安石一方面精简军队、裁汰老弱、合并军营，另一方面，实行置将法。

置将法，也称将兵法，它是一种兵制改革，就是把禁军的厢、军、营、都四级编制，改为将、部、队三级编制，这样可以有效缓解将不知兵、兵不识将的弊端。

自熙宁七年（1074）始，在北方各路陆续分设一百多将。宋时一将，其级别大概相当于现代的一个军，但将的人数不等，往往从三千到一万不定。每将置正、副将各一人，选派有武艺又有战斗经验的军官担任，专门负责本地军队的训练，凡实行将兵法的地方，州县不得干预军政。

将兵法的实行，使兵知其将，将练其兵，提高了军队的战斗力。

王安石还建议取消士兵刺脸刺手背，指出朝廷对士兵应该"以礼义奖养"，而不要"使其不乐"。规定实行大营制，将军所带兵为本部兵，就不用再刺青以区分兵将了。

王安石还对全国的军事部署进行了调整，在京畿设三十七将，鄜延五路设四十二将，东南六路设十三将，全国设九十二将。并派"尝经战阵大使臣专掌训练"，"早晚两教"，"日夜按习武艺"。

从军事部署上看，力量最强的是鄜延五路，直接面对西夏，明显带有主动向西夏开战的意图。次之为京畿，三十七将"拥卫京师"，主要用于防范辽国南侵。

军队部署完毕，士兵即不再随意调动，各部军队配置固定的将领，让大家彼此熟悉，打仗时才能"得士死力"。更重要的是，将领的权力得到了增强，"各军专政，州县不得干预"。

范仲淹在陕西的时候，曾经对军队编制进行过调整，他把鄜延路禁兵1.8万人分成六将，每将派人指挥训练，当时蔡挺正在范仲淹手下。

王安石主政时，蔡挺被提到枢密院，任枢密副使，将兵法就在蔡挺的主持下展开，有人据此认为，王安石省兵置将的思路源自范仲淹。

通过省兵置将这一套"制兵之良法"，宋军人数从"凡一百十六万二千"减为"三十六万八千六百八十八"，裁军过半！此举节省了大量军费不说，还大大提高了军队战斗力，"士气自此益振"，一时名将尽出，郭逵在打仗时可以"临阵尽其技"；高永能"遇敌身先之"；刘昌祚"最善骑射，箭出百步之外，夏人得箭以为神"；王文郁"善左射"。

由此，也造就了一批"百战骁勇"之师，以至后来宋军对西夏战争中，屡屡出现以少胜多的战例，竟然出现了以"不满千人，却贼数万"这种以少胜多的辉煌战绩。如刘昌祚只以骑兵两千，就击退了西夏万余骑兵，令敌人"丧气逃遁"，一洗宋军颓废之气，这在范仲淹领兵时代都是不可想象的事情。

因为裁军幅度较大，所以军费节省也相当明显，根据著名宋史专家漆侠的计算，熙宁年间的军费支出，比庆历年间减少1300多万缗。

真正要打仗，光有战马兵将还远远不够，还需要大量制作精良的兵器。

于是，在熙宁六年（1073）六月，军器监应运而生。"置军器监，专总内外军器之政。"

军器监成立以后，网罗天下，广收人才，"天下知军器利害者"，可以随时到军器监谈论自己的想法。

同时，对军器监各级主管严加考察，如果武器制作不精者，视情节轻重，"黜陟其官吏"。

军器监分工也很明确，有火药、青窑、麻作等"凡十一目"，并且"皆有制度作用之法"，严禁把相关技术外传。

在军器监的指导下，宋朝的兵器数量与质量都有了飞速提升，各种武器"皆极完备"，数量"不可胜计"，一旦打仗，"可足数十年之用"。

如典型的由军器监制造的神臂弓，能"射三百步""入榆木半"，"他弓弗能及"，在战争中发挥了巨大威力。

不仅如此，军器监还致力于兵器制造理论研究，总共讨论编写了110卷《军器法式》专著，对兵器种类和制造方式进行了详细介绍，为传之后世做好了准备。

王安石全面整顿军队，取得了非常明显的效果，大宋军事力量增强，人猛马壮刀枪锋利，军力达到了前所未有的水平，使得长期欺负大宋的辽国也心生畏惧，"修城蓄谷，为守备之计"，因为害怕"中国陵蔑之故也"。

大宋一转身，从被人欺负而变成了准备欺负别人。这种转变，是北宋建国百年以来所未有过的事。

二、用兵西北

"卧榻之侧，岂容他人酣睡"，曾几何时，宋太祖的这一句名言是多么的提气，由此他灭南唐，统一江南。宋太宗秉承遗志，灭北汉，结束自唐末以来的五代十国乱世局面，实现了局部统一。

然而，宋太宗此后两次北伐契丹，均以失败告终，接着养虎为患，坐视西夏崛起，大宋全无"卧榻之侧，岂容他人酣睡"的豪气了，北宋在对外军事上几无亮色，多是污点，留下一个"灰朝"的梗。

历经太宗、真宗、仁宗、英宗，宋朝终于迎来一个不想再当"灰包"的皇帝——宋神宗。

年轻的神宗皇帝对大宋的现状很不满。"以幽、蓟、云、朔沦于契丹，灵武、河西专于拓跋，交趾、日南制于李氏，不得悉张置官吏，收籍赋役，比于汉、唐之境，犹有未全，深以为耻，遂慨然有征伐、开拓之志。"北方幽云十六州落在契丹手中，西北被党项人控制，交趾李氏又时常骚扰南部边境，南北西都是汉唐以来的祖宗之地，都沦丧于他人之手，宋神宗深以为耻。

"盗贼攻之而不能御，戎狄掠之而不能抗"，泱泱大国不得不卑躬屈膝，赂奉夷狄以换取边境安宁，宋神宗如何能不气呢？他的志向是"聚财积谷，寓兵于民，而可以鞭笞四夷，尽复唐之旧疆"。

宋神宗任用王安石主持变法，以图富国强兵。富国只是手段，强兵才是目的，要雪数世之耻，首在振作军事，"用武开边，复中国旧地"。

宋神宗一直在向朝臣传达他富国强兵的志向，在朝廷中他如愿找到和他志同道合的文臣王安石，他还要找一个同样有开拓志向及才华的武将。

大宋重文轻武，武人地位卑下，更是"将畏猜嫌而思屏息，兵从放散而耻行枚"，一批武将郁郁不得志，士兵懒散羞于打仗。故此，后世有"北宋无名将，南宋无名相"之说。

宋神宗决心改变这一风气，他亲自为仁宗朝的名将狄青撰写祭文，表彰他"奋于戎马间，捍西戎连取奇功"的卓越战绩。这是大宋建立以来第一个由皇帝亲自写祭文哀悼的武将，宋神宗要以此为引，激发武将憋在胸膛的锐气、志气。

正是在这一变法图强的形势下，终于有人站了出来。他叫王韶。

王韶（1030—1081），字子纯，江州德安（今属江西）人，嘉祐进士。他足智多谋，富于韬略，初任新安主簿，后为建昌军司理参军。曾自费到甘肃、青海一带游历，有意收集、采访边事，深入西番羌族不毛之地，实地考察，认真访问，反复分析。在游历中，他深感对付西夏是个长期艰苦的工作。

返回京城后，他把自己的想法进行系统整理总结，向朝廷献上《平戎策》，针对如何抵御西夏侵扰的问题，提出了具体的意见。《平戎策》的具体内容如下：

"西夏可取。欲取西夏，当先复河（今甘肃临夏）、湟（今青海乐都），则夏人有腹背受敌之忧。夏人比年攻青唐（今青海西宁），不能克，万一克之，必并兵南向，大掠秦（今甘肃天水）、渭（今甘肃平凉）之间，牧马于兰（今甘肃兰州）、会（今甘肃靖远），断古渭境（今甘肃陇西），尽服南山生羌，西筑武胜（今甘肃临洮），遣兵时掠洮（今甘肃临潭）、河，则陇、蜀诸郡当尽惊扰，瞎征兄弟其能自保邪？今唃氏子孙，唯董毡粗能自立，瞎征、欺巴温之徒，文法所及，各不过一二百里，其势岂能与西人抗哉？武威之南，至于洮、河、兰、鄯，皆故汉郡县，所谓湟中、浩亹、大小榆、枹罕，土地肥美，宜五种者在焉。幸今诸羌瓜分，莫相统一，此正可并合而兼抚之时也。诸种既服，唃氏敢不归？唃氏归则河西李氏在吾股掌中矣。且唃氏子孙，瞎征差盛，为诸羌所畏，若招谕之，使居武胜或渭源城，使纠合宗党，制其部族，习用汉法，异时族类虽盛，不过一延州李士彬、环州慕恩耳。为汉有肘腋之助，且使夏人无所连结，策之上也。"

概括起来，就是要抵御西夏的侵扰，须招抚处于西夏以南、河湟一带的吐蕃诸部，从而实现使西夏"腹背受敌之忧"的战略目标。

王韶对于河湟一带的吐蕃诸部发展变化的形势和收复河湟的意义，进行了深刻而又精辟的分析，主要有以下几个方面：

首先，王韶指出了吐蕃瓜分、不相统一的现状，为北宋政府经营河湟地区提供了可靠的事实根据。

其次，王韶指出，西夏正在连年进攻吐蕃，而吐蕃各部势孤力薄，万一让西夏得手，则对北宋的威胁就更大了。

再次，河湟地区土地肥美，适宜于种植作物，发展农业。如果河湟一旦收复，将对北宋的经济有所裨益，又可加强对西夏的防务工作。

最后，王韶在《平戎策》里提出收复河湟的建议，在当时的政治形势下，与宋神宗、王安石变革的政治主张是相一致的。

北宋政府的两大外患，一是契丹，二是西夏。而西夏对于北宋的侵扰更加频繁，威胁也更严重。《平戎策》既正确分析了熙河地区吐蕃势力的状况，更提出了解决北宋统治者最急迫的西夏问题的策略。如果王韶提出的军事目标能够实现，不仅可以直接加强对西夏的防务工作，改变北宋在宋夏战争中的被动地位，而且可以提高变法派的政治声誉，从而促进改革的进行。因此，王韶的《平戎策》上奏以后，其主张和建议很快就得到了宋神宗和王安石的采纳和重视。

三、收复河湟

宋神宗等的就是王韶这样的人，他恢复汉唐旧疆的理想，首先就从西北开始。宋神宗命王韶主持开拓熙河之事务，以一文人出掌军事，担负起了收复河湟的任务。

熙宁四年（1071）春夏间，王韶首先招抚了青唐地区一个最大的吐蕃部落，其部落酋豪俞龙珂"率所属十二万口内附"。宋神宗为其赐名包顺，使其世守岷州（今甘肃岷县）。在此影响下，附近一些较小的部落相继归附北宋的又有近20万口。北宋所辖疆土，因此而拓展了1200里。

熙宁五年（1072）五月，宋筑古渭寨为通远军（今甘肃陇西县），任命王韶为知军事。王韶到任以后，积极操练军队，准备进军。七月，王韶在渭源堡（今甘肃渭源县城）和乞神坪（在今渭源西南）筑城，进兵至抹邦山，与吐蕃蒙罗角、抹耳和水巴等族对垒。宋军居高临下，吐蕃兵士翻上宋营，王韶身先士卒，指挥宋军奋勇迎击，大败番兵，焚其庐帐，洮西震动。吐蕃首领木征渡过洮河来援，吐蕃会众复集。王韶命令别将在竹牛岭（在今甘肃渭源县至临洮县间）南虚张声势，自己亲率一支军队奇袭武胜，建为镇洮军。不久王韶又打败木征亲军，招抚其部落二十余帐。十月，北宋改镇洮军为熙州（今甘肃临洮），并以熙、河、洮、岷州及通远军为一路，任命王韶为经略安抚使，兼知熙州。

熙宁六年（1073）八九月间，熙河路经略安抚使王韶带兵深入敌境，与木征率领的军队进行殊死战斗，并且与朝廷失去了联系。这是变法以来发生的最大规模的边境战争，如果失利，不但会给朝廷带来很大负担，而且会成为保守派进攻新法的口实。

一个多月过去了，朝廷对前线的情况还不清楚，只知道王韶率领军队追击敌兵进入敌境腹地一千余里，但前线的战况却一无所知。有人传说王韶正在率领军队继续深入，封锁消息，要直捣敌人心腹。有人传说宋军惨败，已经全军覆没。一时间议论纷纷，谣言四起。

神宗和王安石一直在焦急盼望着西北边陲的消息。

九月十八日，神宗正在升朝议事，文武百官都在。忽有紧急边报六百里军书送到。神宗忙命内侍递上来打开观看。神宗心跳加速，手都有点哆嗦，因为这个边报太重要了。待从头到尾看完，不由得龙心大悦，喜笑颜开地让内侍把边报传给王安石看。待王安石看后，神宗向满朝文武正式公布这个振奋人心的喜讯。

原来，熙宁六年（1073），王韶进驻康乐寨（在今甘肃康乐县）和刘川堡（在今甘肃康乐县），开通饷道。二月，王韶一举攻克河州。四月，攻占诃诺木藏城和香子城（在今甘肃和政县），八月，穿越露骨山，南入洮州境内。其间道路狭隘崎岖，骑马难行，宋军每天要多次下马，方能通过险途。木征乘王韶行军作战的机会，再次入据河州，并亲率人马追击宋军。王韶不畏艰险，奋力作战，打败了木征，再次平定了河州叛乱。九月，木征听到河州已定，遂主动举城归宋。宕（今甘肃宕昌）、洮（今甘肃临洮）、叠（今甘肃甘南迭部一带）三州的吐蕃部落也相继归附。此次出征，王韶前后行军54天，跋涉1800里路，平定五州之地，招抚吐蕃诸部无数，自宕州临江寨北达安乡关，幅员2000里。

"韶以书生知兵，诚为不出之才。而谋必胜，攻必克，宋世文臣筹边，功未有过焉者也。"文人再妙笔生花也难以描述详尽其中的艰辛，宋朝军队终于打出了豪气，摘掉了头上"厌包"的帽子。

熙河之役的胜利，拓边两千余里，连同熙宁五年收复的领土计算在内的话，西北边陲已经收复三千多里的失地。它是北宋80多年来在疆土开拓上的唯一亮色，使宋朝成功地在西夏的后方打入一根铁钉。熙河之役更是一扫北宋朝廷长期存在的因循苟安、安逸懈怠的政治氛围，极大振奋了人心，为宋神宗的进一步改革打了一针强心剂，为改革派赢得了极大的政治声誉。

昔日走两步就大喘气的北宋废物禁军，摇身变成打得西夏一溃千里的铁血西军。北宋的西线国土，更朝着汉唐河湟故地高调延伸。甚至，哪怕北宋末年君臣无能，朝廷昏聩，酿成靖康之耻，但因有王安石变法时代锤炼出来的西军劲旅，宋朝才得以抵抗住金军凶残的脚步，艰难守住半壁江山，给南宋积攒了续命的家底。

王韶经略熙河，具有重大的意义。

首先，这是王安石变法运动取得的一个胜利成果，是对保守派的一次有力的打击。正因为几年来新法已经深入人心，并且取得很大的成功，国家的经济实力迅速增强，省兵、置将、保甲等一系列与军事有关的新法得到实施，使国家的军事力量得到加强，军队的战斗力得到极大的提高，才取得如此辉煌的伟大业绩。经略熙河，招抚吐蕃各部族的成功，使宋朝对西夏形成了包围之势，从而实现了王韶所预想的使西夏"有腹背受敌之忧"的战略目标，同时在一定程度上保护了边疆各族人民，使其免受西夏统治集团的侵扰和掠夺。

其次，王韶经略熙河以前，甘肃以及青海地区的吐蕃诸部四分五裂，互不相属，不仅受到外部武力的威胁，而且内部各部族之间常年争战不休，严重地影响着各族人民的生产生活和社会经济的发展。王韶招抚吐蕃各部族，使之归于北宋王朝统一政权的保护之下，减少了内耗和战争，而北宋政府设置的营田司、市易司和蕃汉学等经济文化机构，客观上促进了甘肃、青海地区各民族的团结与融合，促进了社会安定和经济文化的发展。

最后，由于熙河之役收复河湟六州，重新打通被西夏的掠夺战争而阻断的丝绸之路，更是重新恢复了安史之乱前由中原王朝长期控制这一地区的局面，宋神宗实现了恢复汉唐旧疆的第一步。

这次辉煌胜利使神宗龙心大悦，使王安石相心大悦，使满朝文武官心大悦，使全国百姓民心大悦。

十月十二日辰时，大内紫宸殿充满了喜气洋洋的气氛，文武百官官服整齐，按班鹄立，一个个腰板挺得笔直，等待着盛大的典礼。为了庆祝收复熙、河、洮、岷、宕等州的重大胜利，神宗在这里接受文武百官的朝贺，神宗激动地亲自解下玉带赏赐给王安石。王韶也因此升任左谏议大夫、端明殿学士。

四、保持清醒

从熙宁二年（1069）到熙宁九年（1076），王安石与吕惠卿、曾布等人围绕富国强兵的目标，陆续制定实施了均输、青苗、募役、市易、免行、方田均税、裁兵、将兵、保甲、保马等新法。变法增加了国家财政收入，裁减了部分军队冗员，节省了军费。河湟大捷更是王安石执政以来取得的最重大而无可争议的实绩。青苗法的实行也收到了预想的效果。紫宸殿受赐，是大臣所受到的最高的荣誉，变法事业达到了顶峰，王安石受神宗皇帝的恩宠也到了极点。

无论在取得重大胜利之时，还是在遇到重大挫折之时，保持清醒头脑都是最重要的。王安石是个非常冷静的人，他始终保持着极其清醒的头脑。

当天晚上，王安石在朝中受到赏赐的消息传到家中，阖家欢乐，自有一番喜庆气氛。欢乐过后，王安石回到书房，冷静地思考起变法的全部经过和当今朝廷的现状来。

变法图强、重振国威是自己多年来的愿望。自从神宗登基以来，励精图治，为人节俭有德，精明强干，是个千古难逢的有为君主，这才使衰微的国势得到振兴，使腐败的世风得到一些改变。但一切也仅仅是开头而已，新法要真正得到全面贯彻和取得预期效果，还要付出相当大的努力。

在变法之初，自己就和交往多年的老朋友司马光产生了分歧，直到最后的分裂。被那么多老上司、老朋友所疏远，如富弼、韩琦、欧阳修、苏轼兄弟等。但为了朝廷大业，为了百姓能够过上丰衣足食的好生活，一切误会、埋怨乃至于诽谤谩骂都在所不惜，自己付出的代价太大了。王安石的心情有些酸楚和苦涩。

在制定和推行青苗法的过程中，遇到的阻力最大。除反对派从中作梗外，各级地方官吏的素质太低也是一个重要原因。之所以会出现这种局面，与当时实行多年的教育制度和科举制度也大有关系。于是，王安石又考虑从教育和科举两个方面进行改革。

早在仁宗朝，王安石在所上万言书中，对当时教育制度的弊端就进行了深刻的分析和批判，提出改革教育制度的要求。执政后，他首先把精力集中到变法方面。在均输法、青苗法等开始推行后，王安石便开始考虑教育和科举方面的改革。熙宁元年（1068），王安石刚刚出任参知政事，就增加太学生的名额。熙宁四年（1071），以锡庆院、朝集院为太学讲舍，扩大学校规模。其后，又设置京东、京西、河东、河北、陕西五路学，实际等于是这五路的地方性大学，以陆佃为诸州路学官。以后在各路均设置学校。

为统一思想，朝廷向各学校颁发统一的教材。为此，朝廷专门设置"经义局"，由王安石亲自主编《三经新义》。由于变法的具体事务特别繁忙，王安石抽不出太多的时间亲自注释"三经"，而是把主要思想观点传授给儿子王雱，由王雱起草，王安石最后审查定稿。

所谓的"三经"是指《周礼》《诗经》《尚书》。据《晁公武读书志》说，《毛诗新义》20卷，《尚书新义》13卷，但这两部书如今已经亡逸。而《周礼新义》则基本上出自王安石的手笔，有人看到原稿，称其"笔迹如斜风细雨，诚介甫亲书"，可见该书是王安石亲自抄写的，故最能体现王安石的变法思想和渊博的学识。此书流传下来，共16卷，附《考工记解》2卷。该书对《周礼》的解释多有发明，颇为后世学者所重视。后人注释《周礼》多采用其说。

《三经新义》体现了王安石的变法思想，是对以前汉唐诸注家的修订。《三经新义》刊行之后，太学及各路学校均以之为教材，对于当时的教育界和思想界都产生了极其深远的影响。可惜前两部书被毁，我们无法看到，这不得不说是一件非常遗憾的事。王安石的这一做法，后来遭到许多学者的攻击，说王安石的儒家思想不纯正，并以此攻击变法是秦国的商鞅、西汉的桑弘羊那一套。

在教育方面，还有一点需特别提出，即王安石非常注重实际。熙宁六年（1073），在太学中增设律学教授四名，学生们可以自愿申请学习某一专业，并把一些案件拿到课堂上让学生们分析判断，提高学生的实践能力。实际上这是当时最高的法律专业课，主要目的就是培养法律人才。另外，在太学中还增设医学教授，以翰林医官及天下名医充当教授，每年招生 300 名。又分方脉科、针科、疡科等不同的专业。这对于提高整个社会的医学水平无疑是大有益处的。

在科举方面，王安石提出的改革方案是取消诗赋而加强策论的内容。当时科举考试主要是两项，即进士和明经。进士科以诗赋为主，作诗讲求韵律，探讨诗文声律上的毛病，以此决定优劣取舍，这样只能培养文学才能而对社会实际工作帮助不大。明经科所考的基本上是死记硬背的功夫，什么帖经、墨义、填写某一经句的注疏等，对实际社会工作更没有用处。

王安石提出要废除诗赋的内容，废除明经科，专以经义、策论来选拔进士。这项建议遭到一些大臣的坚决反对，其中态度最鲜明的是当时已经名满天下的苏轼。

苏轼学问渊博，奏疏写得有理有据。尤其是"自唐至今，以诗赋为名臣者不可胜数"一句，更有相当大的说服力。奏疏中还提出，"举贡之法，行之百年"，不必改变。而且不以诗赋取士，只以经义策论考试的话，"无规矩准绳"，"无声病对偶"，"学之易成"，"考之难精"，弊病只会更大。

后几条理由有很大的说服力。因为经义策论之类的文章比较容易写，没有诗赋要求那么严格，没有一个客观统一的标准，在评卷与录取方面有比较大的主观随意性，可能会出现更大的弊端。这确实是很实际很深刻的见解。

看了这篇奏疏，神宗也为苏轼的说法所动，觉得有道理，就问王安石能否考虑不改变科举制度。王安石态度很鲜明，也很坚决，坚持"贡举法不可不变"的主张，向神宗解释道：旧贡举法使士人用大量的时间闭门读书，学作诗赋，社会上的事均不接触，不熟悉，其实是摧残人才。苏轼所云"自唐至今，以诗赋为名臣者不可胜数"之语，乍听有理，细思乃是理之必然。因为自唐以来，只以诗赋取士，朝廷大臣多数出身于诗赋，当然要出现许多名臣了。但诗赋入仕而成迂腐无用之徒者更多。不改变科举制度和内容，对于培养有用的人才不利。王安石的话再次说服了神宗。

这样，科举考试内容的改革经过一番曲折和斗争才得以实施。熙宁四年（1073）二月，中书省正式颁布科举新法：废除明经科，废除考诗赋和帖经、墨经。进士科的考生在《诗》《书》《易》《周礼》《礼记》中选治一经，兼治《论语》《孟子》。考试时，主要考这些经书的"微言大义"和殿试策论。殿试策论的内容都紧密结合当时的国家大事，结合现实出题。

这些内容中，有一点值得注意，就是在以前并列"五经"中的《春秋》在这里不见了。也就是在当时的学校里不开设《春秋》课程，科举考试也不设这一专业。王安石对前人注释的《春秋》不满意，所以他把这一内容删去了。这遭到很多学者的反对，几年后在学校中又增加了这门课程。

尽管有许多曲折，但教育和科举制度还是按照自己的设想改革了，而且正在朝着健康的方向发展。想到这里，王安石的心情很舒畅，长长出了一口气。他的思绪又飘向几年来的农业生产和农民的生活。这是他变法当中最用力的一个方面。青苗法的推行和实施，一定程度上解决了农民受大地主大富户高利贷盘剥的问题。农民的生产积极性提高，农业形势相当不错。

农业的另一个方面投入的精力也不少，这就是兴修农田水利。王安石在任鄞县县令时就有过这方面的尝试和经验。他执政后，大力提倡兴修农田水利，调动社会上一切可以调动的力量，只要确实有这方面经验和本事的人，不论其社会地位高低，都可以直接到京师来，到司农寺或中书省献策。其设计和策略如果被采纳，就有一定的奖赏。经过实施取得实绩的，还要授官嘉奖。一两年后，全国形成了"四方争言水利"的热潮。

多年来，黄河的水位不断上升，黄河两岸的堤坝就不断增高，结果是有的地段黄河的水位比堤坝外面的地面还高。所以疏浚黄河是当时水利工程的一大难题。有个叫李公义的人，发明了一种"铁龙爪扬泥车法"，献上朝廷，建议用此法来疏浚黄河。

其具体方法是，用数斤铁造成爪形，用绳索沉下水底，然后用快船牵引，船工快速划船，顺流而下。同时多用一些船只，几次之后，水便可深数尺。到一定的位置再把堆成的泥沙打捞出来。

后来，有人提出这种铁龙爪有些轻，王安石又亲自参与对其进行改造，制造出一种叫作"浚川耙"的新型工具，又专门成立"疏浚黄河司"，直接领导疏浚黄河的工作，使黄河流速加快，流量加大，减轻了灾害的程度。

变法以来的几年里，农田水利事业迅速发展，京畿及各路兴修水利 10793 处，灌溉田地 361000 多顷。其中两浙路农田水利事业最发达，共完成水利工程 1980 处，灌溉田地 104000 多顷。

发展农田水利之外，还制定了优惠政策鼓励百姓开淤垦荒，开垦出大面积的闲散土地，极大地提高了农业生产水平。

经过几年的努力，确实实现了"因天下之力，以生天下之财"的目的。国家的财政实力也有很大幅度的提高，实现了"民不加赋而国用足"的设想。

从现在的情况看来，新法已经得到广大市民阶层和许多士人、多数百姓的普遍认同，比刚开始变法时的形势有利多了。但新法在具体推行的过程中，还有许多问题需要解决。为了向神宗皇帝说明现在的形势，保持清醒的头脑，已经躺下休息的王安石披衣而起，来到书案前，展纸研磨，写成一篇笔墨简练、见解深刻的札子，即《上五事书》。

王安石认为，在变更的多种法度中，有五种是最重要的，即和戎、青苗法、免役法、保甲法和市易法。前两项已经取得实效，没有什么可争论的了，而免役法、保甲法和市易法这三项新法还需要进行非常慎重的考虑，不能太急躁。这是非常精当的见解，为后来的实践所证明。

在王安石去世十多年以后，所谓的变法派重新上台，重新打起恢复神宗和王安石新法的幌子，对旧党进行清算和打击。但这时所谓的新党都是些投机分子，又变回去的新法也都是挂羊头卖狗肉的伎俩，而为害最酷烈的确实就是免役法、保甲法和市易法，王安石的预见一点也没有错。

所以，王安石在当时特别注意和担心的就是这三法。而围绕市易法真的出现了尖锐激烈的斗争，斗争的激烈程度比刚推行青苗法时有过之而无不及。斗争的结果直接威胁到了王安石的宰相地位。

第
七
章

辞去相位

一、用人不当

毛主席曾有一句名言："正确路线确定之后，干部就是决定的因素。"变法之初，宋神宗急于求成，人才准备不足，加之连续罢掉朝中一大批元老，人才出现青黄不接的局面。王安石也感到要改革实行新法，必须要有一批立志改革、忠实执行新法的官吏。为此王安石亲自挑选了一批年轻有为的人才，但因为变法时间紧迫，吏治不健全，导致参与变法的人鱼龙混杂、泥沙俱下，小人投机钻营，靠表面忠于新法而伺机捞取官职。这些顺从己见却阴险狡诈之徒，最终导致"小人乱政""奸人坏法"。

王安石最重要的支持者与助手吕惠卿、章惇、曾布、蔡卞、吕嘉问、蔡京、李定、邓绾、薛向等人，尽是后世声名狼藉之辈，绝大部分都被列进了《宋史》的奸臣册中。

这些人初入官场时，大多做事尽心尽力，尽显才干；但时间久了，他们便用人唯亲，排除异己，并做事急功近利，唯利是图，为达目的可以做出为人所不齿的事情来。

最具代表性的人物为吕惠卿。此人精明能干，富有政治才能，颇得王安石的器重，成为变法派阵营中仅次于王安石的第二号人物。但他投身改革的根本原因在于通过变法提高自己的政治地位，有强烈的个人野心，多次欲取王安石而代之。在王安石罢相期间任参知政事（副宰相），极力提升故旧和弟弟吕升卿、吕和卿及方希觉等人，对其他变法派人物如沈括、吕嘉问、李承之等人则加以排挤打击。变法派的另一中心人物三司使章淳也与吕惠卿勾结，搞出李士宁案攻击王安石，达到了"凡可以害安石者，无不用其智"的地步。

宁州通判邓绾，靠歌颂变法拍马屁得到神宗和王安石的赏识，被提拔进朝廷做官，成为王安石的得力助手。邓绾做事不择手段，那些在京做官的同乡都嘲笑谩骂他奸佞，他却厚颜无耻地说："笑骂从汝，好官我自为之。"意思是说，嘲笑谩骂随你们的便，我只管做我的官罢了。这句话成为后世指斥官场厚颜无耻行为的专用语。

至于蔡京，更是成为中国历史上著名的奸臣，搞得北宋末年的政治乌烟瘴气。蔡京参加变法完全是政治投机，借王安石变法捞取政治资本，升官发财有利可图，因此蔡京极力支持王安石变法。

随着变法的深入，触及了保守派越来越多的利益，所受到的阻力也越来越大，引起了变法派的内讧。被王安石倚为得力干将的曾布，竟对变法反戈一击，指责市易法是"挟官府而为兼并之事"。

王安石虽然提出了"人才为先，众建贤才"的口号，但在实际操作中却过于注重人才的出身，他期望通过名门望族的名声来推行新法。其中有诗词大家苏辙、哲学家程氏兄弟等，就是由王安石一手选拔上来的，干了一阵儿后，这些人与新法格格不入，最后全都离开了王安石。苏辙甚至骂王安石"王介甫小丈夫也，志欲破富民以惠贫民"。其他如谏官李常等人倒戈加入保守派阵营后，大肆攻击新法和王安石，却丝毫不提当初参与变法的事。

王安石个人性格方面的原因也导致他在用人方面存有一些偏差。司马光和王安石私交甚笃，且同朝为官，而神宗欲委司马光以重任时，王安石恐其妨害自己而对司马光中伤贬黜。苏轼并非如司马光那样是个极端保守派，他原也主张变法，只是在改革步骤与方法上与王安石有不同见解。苏轼对新法也不是一概否定，他认为好的就执行，不好的就表示反对。他对新法中的某些条款提出了不同意见，也招致王安石的不满，多次遭到降职罢黜。

王安石在变法过程中在用人方面的确出了一些失误，成为他变法过程中的一大隐患，也就成了变法最终失败的一个重要因素。

二、后宫压力

作为改革变法的领袖，王安石自然而然地成为保守派首选的攻击目标，虽然宋神宗对于王安石无比信任和支持，虽然他们二人被称为古代君臣关系的典范，但是皇帝还是没有经受住保守派一波又一波的轮番进攻。这其中，最大的压力来自后宫，后宫之所以憎恨王安石，有两个原因。

第一，王安石剥夺了他们的各种福利，这个前面说过。第二，王安石颁布了一条新的法令，彻底得罪了他们。这个法令，叫作"免行钱"。

免行钱，是王安石在市易法的基础上，建立的一套新的工商税收制度。这个制度只在京城实施，别的地方不用执行。

当时的京城，有很多类似今天行业协会的商行，这些商行掌握在大富翁手中，他们借助自己庞大的势力，垄断物品的营业权。

对于这种商业巨头，宋朝的官府不仅不管，还给很多的优惠政策，比如让他们自由定价，不用上交营业税等。当然，天下没有免费的午餐，商行必须"支应"，即"服行役"，就是按照官府的要求供应货物，上供各种皇家和官府的日常用品。

商家不给国家交税，只给国家物品，这笔买卖也算划算。但问题是，滥用职权的官吏玩命勒索商家。商家如果不给回扣，官府就百般刁难、肆意报复。商家若不给好处，物品再好也不要。不仅如此，官吏还会反咬一口，说东西不合格，告你一个"欺瞒圣上"之罪，令商家苦不堪言。史料记载，有一个提供靴子的商家没有给足好处，官府竟然状告商家造假，把商家打入了天牢，准备处以极刑。后来，商家散尽家财，才保住了一条命。同时，商人所在的商行，也受到波及。20多个商人联起手来，花了一笔巨款，才平息了此事。

此外，官员向商人索要的物品数，也往往是定额的10倍甚至百倍以上。比如宋神宗规定，皇家饮食以节俭为主，每个月只需30只羊即可。结果，官员上下勒索，每个月让商人进贡的羊，竟然达到了3万余只。这么多只羊，就是撑死宋神宗也吃不完。至于这些羊去了哪里，不言自明。

玩命勒索、扩大供额，这个服行役制度可谓弊端百出，让商家苦不堪言，也让不少商贩破了产。后来，王安石颁布了市易法，让市场变得制度透明化，抑制了官府暗箱操作、漫天要价的情况，让商人看到了新法的好处。商家们联名给王安石写信，要求也享受新法的好处，为此他们宁愿多缴一些钱，也不愿意被官家勒索。

见商家如此拥护新法，王安石上奏皇帝，请求整顿京城的市场，在获得宋神宗的同意后，王安石颁布了一条新的法令，取消所有暗箱操作，要明码标价；取消商家服行役制度，但商家要按照收入上税。除这笔钱外，不用另外缴纳钱财。

商家缴的这笔钱，就叫"免行钱"。

虽然还是"挨刀"，但王安石的"刀"，要比之前的轻多了，因此商家们都很欢喜。

商人们全都高兴了，那些以敲诈他们为生的官员们，则全都愤怒了。要知道，王安石的这个法令，等于是堵了这些人的来钱道，让他们再也没有权力去敲诈、勒索商家了，这怎么甘心！可见，对这些人而言——王安石不是在"变法"，而是在"变天"！

为了阻挠这个新法，京城内的勋贵以及采办物品的各个衙门联起手来，一起抵制王安石。

一时间，京城爆发了一场大规模的抵制行动，其规模之大，声势之高，完全超出了王安石的预料。

因为，在王安石的眼里，自己之前颁布了很多条例，如青苗法、免役法、保甲法等，都是涉及全国的变法，规模之大，遍布宋朝每一寸土地。然而，这个小小的免行钱法案，只涉及一个京城，竟然掀起了这么一场轩然大波。

其实，敲诈勒索商家的虽然是各级官员，但这些官员的幕后指使人，则是各个皇族、后族成员。若没有这些大人物的默许，那几个芝麻小官，岂敢如此飞扬跋扈、目中无人？在这种情况下，他们不跟你拼命都新鲜！

举一个形象的例子，王安石变法，就好比给人做手术。地方上施行变法，就是在人的四肢上划刀子，伤口虽然很多，面积也很大，但是敷几张膏药，也许过几天就好了。但是，在京城施行的这个变法，就是在人的核心部位动手术，虽然面积不大，刀口也不深，但一刀下去，等于是刺中心脏。就这样，面对王安石的手术刀，皇亲国戚们联合在了一起，大家在高太后和岐王的领导下，用最猛烈、最迅速、最强硬的反击，一起反对王安石。

那么，这个高太后和岐王又是谁呢？他们又为何联合起来，反对王安石变法呢？

这一切还得从宋英宗时代说起。宋英宗继承了祖先的优良基因——惧内。

昔日，宋真宗怕刘娥，宋仁宗怕曹皇后，而这个宋英宗，也怕自己的高皇后。

高皇后，小名滔滔，她是宋仁宗的皇后曹氏的外甥女。通过姨妈的关系，高氏嫁给了宋英宗，成了他的皇后。

史料记载，宋英宗非常怕这个老婆，基本上老婆说的事情，他全都照办。当然，除了那件事情——换太子。

原来，高皇后最喜欢的儿子，不是长子宋神宗，而是二儿子岐王赵颢。两个孩子都是亲生的，母亲更喜欢幼子的情况很常见，但是为了这个幼子，高皇后不惜干出危害国家社稷的事情，就有点说不过去了。

高皇后一直想让幼子登基称帝，宋英宗生病时，高皇后就提出废除长子，册立幼子为太子的建议，只是在欧阳修、韩琦等拥立嫡长子的大臣反对下，计划未能实现。

宋神宗登基后，按照惯例，要送所有的兄弟出宫，让他们去各自的府宅生活，以免生事。然而，高太后却以自己多病、要岐王陪伴为由，死活不让赵颢出宫。

岐王死赖在皇宫不走，这一住就是数年。熙宁七年（1074），岐王已经是一个20多岁的小伙子了，还是没有出宫。

见弟弟老是赖着不走，宋神宗有点恼了，心想："真拿这里当自己家啊，打算接我班呀。"而且弟弟都这个年龄了，从后宫"和谐"的角度，要是还不出宫，就有点说不过去了。

宋神宗偷偷授意大臣，让他们把岐王赶出皇宫。岐王不过20多岁，哪里见过群起而攻之的阵势。面对群臣的攻击，岐王害怕了，准备出宫回府。

岐王写"辞职信"的事情，让高太后知道了，她把岐王狠狠地骂了一顿，并告诉他："不许走！如今皇帝无嗣，要是出现了什么事情，谁来继承皇位？你就给我乖乖待在皇宫，哪也不许去。不管出现什么事情，我给你顶着，天塌下来由老娘去扛！"高太后的这番话助长了岐王的野心。

后来，宋神宗任用王安石为相，开始变法。那些反对变法的人，慢慢地聚集在了赵颢的周围，准备借助高太后的势力，打压王安石、反对宋神宗、反对变法。

于是，在母亲的支持下，岐王成了旧党的核心人物，他培养了一股自己的力量，开始跟哥哥叫板了。

至此，一场在历史上已经重复了无数遍，还将重复无数遍的宫廷斗争大戏，正式上演。

当时，为了让弟弟臣服，宋神宗可谓煞费苦心。有一次，他见弟弟的腰带比较旧，就特意命人打造了一条玉带送给弟弟。玉带是宋朝官府的基本配备，也是臣子的象征。

看见这条玉带，岐王立刻明白了哥哥的意思，他打死也不戴。不仅如此，赵颢还告诉哥哥："若把这条玉带换成一条玉鱼，我一定佩戴。"

玉鱼，是宋朝皇子的基本配备。可见，赵颢真没把自己当外人，他这是告诉哥哥："请注意我的身份，我也是一名皇子。"

兄弟俩的明争暗斗，就是这样激烈。

后来，宋神宗将了弟弟一军，他颁布了一道圣旨，赏赐弟弟一条玉鱼，可同时要求赵颢接受玉带。当然，对于哥哥的意见，赵颢还是不从。

几天后，宋神宗召见了几个兄弟，大家一起打马球。打球前，宋神宗特意交代，要是赵颢赢了自己，可以不接受玉带；否则，必须接受玉带。

您想，皇帝"主场"作战，这里有多少帮手呀，赵颢怎么可能会赢。眼看自己就要接受臣子的身份了，赵颢灵机一动，大喊道："臣若获胜，不想要玉带，只希望官家停止新法！"

历朝历代，皇帝最痛恨的事情就是兄弟干政。听了赵颢的话，宋神宗勃然大怒，球也不打了，气得转身离开了。

因为吃了这么一个"甜头"，赵颢算是记住了，以后哥哥再难为自己，自己就用反对变法来对付哥哥，看谁给谁的"伤害"更多！

再后来，随着变法的深入，一些反对变法的大臣，就自觉地聚集到了赵颢的身边，他俨然成为旧党的首领。成为领袖后，赵颢与宋神宗的矛盾也越来越多、越来越大。

到了最后，不管宋神宗推行什么新法，赵颢都第一时间反对，他就这样拽着宋神宗的后腿，死死地不撒手。

这一次，宋神宗颁布免行钱法案后，赵颢聚集了一堆皇亲国戚，以曹太皇太后为领导，一起反对变法。

这里多说一句，以前，不管宋神宗颁布什么法案，曹太皇太后都是不管的。但是这一次，免行钱制度严重伤害了皇亲国戚的利益，曹太皇太后就必须要管了。

曹太皇太后派人去叫来宋神宗，要询问此事。曹太皇太后迂回地问道："我听说老百姓被青苗法、免役法折腾得苦不堪言，官家为何不停止这两项法令？"

曹太皇太后这么问，堪称打蛇七寸，青苗法、免役法是变法的核心点，把这两个法令废除了，就等于废除了新法。新法都废除了，那个免行钱的制度，也就不复存在了。

宋神宗明白曹太皇太后的意思，他解释道："王安石制定的新法，虽然有很多缺陷，但绝非扰民的政策。如今，国家风调雨顺、国泰民安，这都是新法的作用呀。"

曹太皇太后立刻明白了孙儿的意思：皇帝不接受任何攻击新法的言辞。虽然在群臣眼中，新法是王安石主持的，但背后真正的策划人，则是宋神宗自己。一旦否认了新法，就等于否认了宋神宗这些年的劳动成果了。宋神宗万万不能接受。

既然无法正面交涉，继续迂回吧。听完宋神宗的话后，曹太皇太后叹了一口气，她站起身来，要求宋神宗陪自己去御花园转转。

两人在庭中漫步，彼此沉默无语。走了很长一段时间后，曹太皇太后开口道："虽然新法有利民之处，但也有害民之处。如今，反对变法的人太多了，你不可不虑呀。"

宋神宗刚想解释，曹太皇太后继续道："王安石确实是一个人才，但现在怨恨他的人太多了。不如暂时让王安石离开朝廷，缓解一下矛盾。等风头过去后，再把王安石调回来。"

曹太皇太后的意思很明确，废除新法，皇帝肯定不干，但是，现在矛盾太大，只能弃车保帅，先罢免了变法主将，缓解一下新旧党之间的矛盾。

宋神宗不肯就范，道："国家艰难，多数大臣毫无办法，只会坐而论道。只有王安石，能够不顾性命名节，为国效命。对于这样的大臣，我不忍罢免。"

听完宋神宗的话后，曹太皇太后刚想说话，孰料，突然旁边一人道："启奏陛下，太皇太后说的话，都是至理名言，还望陛下三思。"

原来，就在宋神宗和曹太皇太后说话期间，岐王已经偷偷摸摸走了过来，他听见宋神宗还在袒护王安石，就很生气，所以插了话。

本来宋神宗就很讨厌这个弟弟，现在见弟弟不顾君臣礼仪，竟然在议事时插话，不占大怒。宋神宗对其大吼道："岐王如此说辞，莫非是朕败坏了祖宗江山吗？不如你来当这个皇帝吧！"

岐王一听，吓得跪倒在地，大哭道："为何陛下怀疑臣弟竟然到了这种地步？"

见宋神宗训斥赵颢，一旁的高太后很不高兴，她走上前来，想说几句。高太后刚想说话，却见曹太皇太后怒视着自己。高太后心生畏惧，不敢言语，只能站在一旁了。

至此，聚会不欢而散。

第二天，宋神宗正在处理奏章，突然有太监禀报道："启奏陛下，太皇太后让您去一趟，有要事相商。"

祖母召唤，宋神宗哪敢怠慢，孰料，来到祖母的宫前，宋神宗惊讶地发现，母亲高太后已经在这里跪拜多时了。

一看见皇帝，高太后立刻扯开嗓门道："王安石变法乱天下，离间母子兄弟，请太皇太后为我们做主，为天下百姓做主！"

变法乱天下，离间母子兄弟？这是什么情况？

宋神宗跪在母亲面前，恳请母亲起身。可是，不管宋神宗如何请求，高太后就是不起来，她依旧扯着嗓门大喊："王安石变法乱天下，离间母子兄弟……"

要知道，宋朝是一个尊崇礼法的朝代，任何失仪的事情，都能演变成轩然大波，何况这种"离间母子兄弟"的大事。这要是传出去，皇宫就别想消停了。

最终，还是曹太皇太后走了出来，喝令高太后闭嘴，把她轰走了。

高太后走后，曹太皇太后拉着宋神宗的手道："昔日，我只要听见什么民间疾苦，就一定会告诉仁宗。仁宗听完也一定会颁布诏书，予以改正。如今，你也应该如此呀……"

宋神宗听明白了祖母的意思——王安石树敌太多，高太后咄咄逼人，为了维护皇家的和谐稳定，还是先罢免王安石的相位，让他避一下风头吧。回宫后，宋神宗找来王安石，把当天的所见所闻以及头一天跟岐王不愉快的事情，都告诉了他。

王安石心里清楚，虽然皇帝兄弟之间闹矛盾，王安石又不在场，因此不管出现什么事情，都跟他无关，但是，一个"离间母子兄弟"的罪名，就无法让自己全身而退了。

虽然皇帝没有表态，但聪明的王安石已经明白——自己罢相，已经是迟早的事情。

三、天灾人祸

熙宁六年（1073）七月到熙宁七年（1074）的四月，北宋大部分地区暴发了长达 10 个月的旱灾。即使到现在，发生大规模的严重旱情也是很危险的，更何况是在 900 多年前的古代，所以旱灾一暴发，老百姓的生活就陷入困苦当中，很多人开始逃难。淮河、黄河流域的百姓四处流亡，遍地是饥民。神宗命令各地开仓赈济，要求各地以工代赈；命令国家粮仓降价，大量出售，帮助饥民度荒，打击囤积居奇的商人。但种种举措，仍不能弥补灾害所带来的巨大损失。

神宗为此心急如焚，一方面派人到各地调查旱情，赈济灾民，平抑粮价，一方面组织祈雨活动，祈求上苍早降甘露。他私下对身边的心腹、翰林学士承旨韩维诉苦说：老天爷就是不下雨，怎么办呐？我整夜整夜睡不好觉，有什么好办法吗？

韩维是王安石的好朋友，当初正是他向神宗推荐王安石入朝为官的，但是韩维对王安石的新法却一直持消极的态度。他趁着这个机会对神宗进言说："陛下忧虑旱灾，我当然理解，可是我觉得您现在采取的降低御膳标准、在偏殿起居办公等措施都是表面文章，虽然希望以此来感动上苍，但这些做法都是小打小闹，根本不足以引起老天爷的怜悯。我听说最近青苗法的执行情况很糟糕。官府不顾百姓遭灾，依然强收青苗利息钱，结果有的人家被迫砍掉桑树换取利钱，实在没的砍了，就只好背井离乡，逃荒在外。现在的情势这样危急，陛下应该颁布一道求言诏，认真反省自己的过失，广泛征求大家对朝政的意见，对有关政策进行适时的调整，这样也许可以减轻灾祸。"

韩维的这番话真可谓"醉翁之意"不在旱灾，而在于新法。在韩维看来，这场灾祸表面看是天灾，实际是人祸，这个人祸就是王安石的新法。所以他想要借着这个机会，让神宗废掉新法。

神宗救灾心切，立刻让韩维起草诏书。诏书大意是说："朕年纪轻，经验少，治国多有不当之处。如今遭遇旱灾，虽然采取了诸多举措，也一再虔诚地祈雨，但收效甚微。看到天下苍生在灾难中受苦，朕寝食难安。思前想后，不知朝政到底出了什么问题。所以恳请文武百官给朝廷上书，多提宝贵意见与建议，朕一定认真听取大家的意见，改进自己的工作。"

这个求言诏其实更像一份罪己诏。在神宗看来，正是因为朝廷的工作出了问题，所以上天才制造了旱灾，来惩罚大宋。那神宗的主要工作是什么呢？就是变法，所以这个诏书最微妙的地方就是潜在地承认变法出了问题。正因为如此，诏书一下达，反对变法的官员都很高兴，认为神宗变法的决心开始动摇了。退居洛阳的司马光立刻上书神宗，认为变法六年，老百姓怨声载道，民怨沸腾，这就是灾祸的根源，归根到底就是新法于国于民，都是巨大的灾难。他的意见是：如果皇上只是下这样一纸诏书，泛泛空论朝政有误，是没有任何意义的，必须彻底废止新法，才能救国救民，才能感动上苍，才能避免灾祸。可以说，司马光的意见集中地反映了保守派的意见。

看到司马光的上书，神宗当然很郁闷，也很忐忑，在天灾面前、在保守派的质疑声中，神宗开始变得犹豫不定。

神宗的这种态度对改革派来说，打击实在是太大了。吕惠卿、邓绾等人赶紧对神宗说："陛下数年来，废寝忘食，制定出这些好政策，天下黎民才犹如赐予甘露，一旦用一狂夫之言，罢废殆尽，岂不可惜！"几个人环绕着神宗，泣涕不已，神宗只好收回成命。于是新法如故推行，只有方田均税法暂时罢停。

虽然新法得到恢复，但是神宗对新法的动摇已经是不可遏制的了。俗话说，祸不单行。这个时候，陕西的华山发生了一场剧烈的山崩，其实就是地震。枢密使文彦博就对神宗说："赶紧反思新法吧，又是干旱，又是山崩地裂，这是天灾，预示着世间有人祸。"

保守派宣称天灾人祸是变法派造成的，是上天的惩罚。那个时代，"天"的权威是任何人都不敢怀疑的。京城谣言纷纷，说天下有即将大变之势，宋神宗因此被搅得心慌意乱。

这时候，掌握天文历法的官员也来凑热闹了，司天监灵台郎亢瑛说他夜观天象，认为天象失常，政失民心，强臣专国，将有大变，应当罢免王安石的宰相之职。只有罢免了王安石，老天爷才能下雨。谏官唐坰又弹劾王安石，罗列了 60 多条罪名，大意是王安石飞扬跋扈，作威作福，他底下的鹰犬也跟他一样，把持朝纲，蒙蔽圣上。

官僚、士绅、宦官和皇亲国戚结成反变法同盟，从朝廷到地方，从宫里到宫外，各个方面都向变法派发起猛攻，可见当时的形势是多么的艰难。国内是这样，国外的形势也很乱。契丹担心北宋变法成功，国富民强后，对它形成威胁，于是提出重新划界，以此相要挟。如此里外数重夹击，神宗顿感头痛棘手、压力很大。

四、雪上加霜

熙宁七年（1074）三月，一幅描绘民间疾苦的画卷送达御前。图画里的景象触目惊心，惨不忍睹：开封城外道路上，流亡的难民扶老携幼蜂拥而至，个个面有饥色，他们卖儿当女，勉强换些糊口的粗粮，食不果腹甚至啃着树皮泥土。看到此画，一向爱民如子的宋神宗潸然泪下。献图的是一名小官，名为郑侠。

郑侠是福建人，出生于一个贫苦的家庭，穷人家的孩子早当家。生活的窘迫，造就了郑侠钢铁般的意志，他发奋图强、用功读书，希望早一点高中进士，为父母分忧解难。

在读书期间，为了节省住宿费，郑侠常年居住在江宁清凉寺，在寺院内用功读书。机缘巧合下，郑侠遇到了来这里礼佛的王安石。

一番交谈后，王安石非常欣赏郑侠，鼓励他好好读书，尽早成为国之良士，为国效忠。王安石还送给郑侠很多钱粮，让他衣食无忧，专心备考。

在王安石的鼓励下，郑侠不负众望，27 岁高中进士。进入朝廷后，郑侠顺理成章地拜了王安石的"码头"，认其为自己的老师。

熙宁二年（1069），王安石被宋神宗委以重任，准备变法。老师升官了，自然要拉学生一把。很快，在王安石的提携下，郑侠被提拔为光州（今河南省潢川县）司法参军。

担任光州司法参军期间，郑侠为官公正廉洁，断案小心谨慎，深得民心。然而，三年的地方工作，让郑侠对新法有了一番独特的见解。在他的眼中，新法确实利国利民，但在求功心切、错用奸臣的情况下，新法已经变味了，下层百姓对新法怨声载道，颇为不满。

三年任满后，郑侠回到京城，将自己的所见所闻以及对新法的种种忧虑，全都告诉了老师。

郑侠本以为，自己一心为国，并没有反对老师的新法，只是提出了一些不同的意见，老师应该能够体谅自己的苦衷，改良或者是废除一些新法。可惜，自己的想法完全错了。

此时，在王安石的眼中，只要支持变法，就是朋友；反之，就是敌人。他甚至都不会细听对方的想法，只要听到对方反对变法，就会视其为自己的敌人。郑侠还未说完，王安石就把他轰走了。后来，在吕惠卿的挑唆下，罢免了郑侠的官职，让他当一个小小的监门小吏。

监门小吏，无品，无编制，俗称"看大门的"。

然而，在看门期间，郑侠时刻关注朝廷的局势，并将自己对新法的所见所闻和见解，全部写了下来，继续上奏朝廷。

虽然郑侠有满腔热血，但是，他是一个末流的官员，根本没有资格上疏朝廷。即使交由其他官员转达，其他官员一看，这是一篇反对新法的奏章，就把它退了回来或者直接扔掉了。

整整三年，虽然郑侠写了无数份的奏章，但没有一份奏章送到宋神宗的面前。这让郑侠很无奈。

然而，熙宁七年（1074），一场严重的旱灾给了郑侠机会。郑侠画成《流民图》，写成《论新法进流民国疏》，请求朝廷废除新法。奏章送到阁门，不被接纳，于是谎称秘密紧急边报，呈给宋神宗。

郑侠的奏章很通俗，郑侠告诉皇帝：臣现在的职位，就是一个看城门的。今天跟陛下说的，就是城门的税收问题。按照王安石新法的规定，只要老百姓出入城门，无论是干什么的，都要交税。这个税收对于富户而言，堪称九牛一毛，但是在寻常的老百姓眼中，就有点多了。何况，下层办公人员乱改规则，层层设槛、处处盘剥，老百姓被这些官员剥削得已经快活不下去了。以青苗法为例，百姓为了偿还青苗法的贷款，卖房卖地、家破人亡。现在，京城内涌入了无数逃难的百姓，还有很多百姓正准备来。这些灾民生活贫困，只能以吃草皮为生，食不果腹，身上连一件像样的衣服都没有……

在这份奏章的结尾处，郑侠义无反顾地写道："天下之所以大旱，是新法丧失人性所致，只要将王安石罢免，不出十日，上天必会降雨。如果不下雨，臣甘愿一死！"

宋神宗读后长吁短叹，夜不能寐。第二天，下令开封府发免行钱等十八条措施，允许天下官员议论新法，所有人都可以直接上疏，呈给皇帝。

恰巧，三天后京城就下起了大雨，这等于验证了郑侠的话。更糟糕的是，第二天早朝，辅政大臣入内庆贺天降甘霖，宋神宗把郑侠所进《流民图》及奏章拿了出来，交给群臣一一传递。

这下王安石坐不住了。

在封建社会，学生是不能骂老师的。骂老师跟骂皇帝性质是截然不同的。

大臣可以骂皇帝，因为大臣和皇帝之间是雇佣关系，你给我工资，我给你打工，双方谈不上什么感情，看不顺眼，就能互撑。但是，学生跟老师的关系可不一样。一日为师，终生为父。学生跟老师那就是父子。儿子敢骂老子，这是欺师灭祖、悖逆人伦、卖师求荣的节奏！正义之士会群起而攻之，用唾沫星子把你淹死！毕竟，骂皇帝，是饭碗问题；骂老师，就是道德问题了。即使这个老师很不好，学生也不敢在公开场合骂，更不敢把这个家丑抖出来。

然而郑侠豁出去了。他不顾与老师多年的感情，在大庭广众之下，把王安石狠狠地骂了一番。

宋神宗的态度对变法派是巨大打击。王安石感受到了前所未有的压力，他不再上班，称病在家。神宗下诏安慰，但是王安石感觉身心俱疲，压力太大了，坚决要辞职。心乱如麻的皇帝打算问问自己的老师，也是王安石的恩人韩维，是他一手促进了王安石变法。没想到韩维却直接答道："很简单，废除王安石的新法。"最后的时刻，压倒骆驼往往只需要一根稻草。宋神宗不再犹豫，对韩维说："好吧，就由你来拟旨。"

熙宁七年（1074）四月，王安石罢相，出知江宁府。这一年，王安石54岁。

第八章

壮志未酬

一、东山再起

多重压力之下，四月中旬，神宗下诏：王安石出知江宁府（今江苏省南京市）。但在离开相位之前，王安石在皇帝的支持下，对随后的人事变更做出了精心的安排，希望借此保证改革变法继续进行。被他一手提拔起来的忠实支持者吕惠卿，被安排到了参知政事（副宰相）的位子上。神宗也没有对王安石弃之不用，王安石罢相前的官职是礼部侍郎、平章事、监修国史，罢相后为吏部尚书、观文殿大学士、知江宁府。王安石在地方上若有事，还可以出入宫中商议朝政的。这是神宗为他保留的一项特权。

王安石走了以后，变法集团由韩绛、吕惠卿二人主持。事实上，王安石第一次罢相后，熙宁新法并没有遭到多大破坏。时人称韩绛为"传法沙门"、吕惠卿为"护法善神"便是一个证明。吕惠卿这个人确实有才干，是变法集团的主心骨，但他有嫉贤妒能的毛病，不会搞团结。王安石本来在搞团结方面就比较差，吕惠卿比他还差。吕惠卿还是个极具野心的人，王安石在位时，他是王安石变法最得力的助手，王安石离开之后，他意图取代王安石的位置。

为了达到目的，他提拔族弟吕升卿、吕和卿等人，扶持自己的势力，打击变法派内部的其他成员，打着变法的招牌，肆意妄为。吕惠卿执政以后，因为与同为王安石左膀右臂的三司使曾布有嫌隙，便想拔去这个眼中钉。

恰在此时，曾布上表奏称："市易法扰民。此种不良的政治，在秦、汉衰乱的时候亦未曾有过；而提举市易司吕嘉问又请贩盐鬻帛，岂不贻笑大方吗？"

吕惠卿便以阻挠新法罪弹劾曾布，将曾布逐出京城，贬到饶州去做了知州。

吕惠卿采用吕和卿的建议，创行手实法，具体内容为：命令民间的土地、房屋、宅基地、牲畜和所有资产，都要据实估价报官，官府按估价总额抽税，凡隐瞒不报者，重罚，举报者有赏。这实际上就是征收资产税。

如此一来，民间寸土尺椽，都要纳征，养鸡饲牛，都要纳税，老百姓苦不堪言。

吕惠卿的所作所为激起了郑侠的愤慨，他再次画了一轴画，题名为《正人君子邪曲小人事业图》。

在这幅图中，他将唐朝的宰相进行分类，其中魏徵、姚崇、宋璟等，称为正人君子；李林甫、卢杞等，号为邪曲小人。借古讽今，将吕惠卿比作小人，呈献给神宗。并附上一道奏章，弹劾吕惠卿。

吕惠卿绝不容忍郑侠对他的攻击，在他一手操办下，郑侠被贬谪到偏远的英州。

本来，吕惠卿要置郑侠于死地，但被神宗阻止了。神宗说郑侠谋国而不谋身，忠诚可嘉，不可重罚。皇帝都这样说了，吕惠卿也只能见好就收。

王安石的弟弟王安国，一直不赞成哥哥的新法，他曾特别提醒过王安石，说吕惠卿是个佞人、骗子，要提防这个人。

有一次，王安石正在和吕惠卿商量政事，王安国却在外面吹笛子，王安石冲着外面的弟弟喊道："停此郑声如何？"

王安国应声回敬道："远此佞人如何？"

孔夫子曾说："驱郑声，远佞人。"兄弟俩的一问一答，都引用了孔夫子的话。

吕惠卿当时虽然没有说什么，但怀恨在心。郑侠流放英州之后，吕惠卿便以王安国与郑侠交往甚密为由，撤掉他的职务，贬回临川老家去了。

吕惠卿将郑侠、王安国等逐出京城之后，气焰更加嚣张，处事独断专行，根本不同宰相韩绛商量。他担心王安石复出，抢了他的风头，索性对他的恩师王安石下黑手。

恰在此时，发生了一起惊动朝野的"李逢谋反案"。事情的起因很简单，有百姓告发李逢谋反，但是谁都没有想到此事最终演变成一场大案，牵涉很多达官显贵，其中包括宗室赵世居和术士李士宁。而李士宁和王安石交往十分密切。吕惠卿欲置王安石于死地，便诬陷王安石与这起谋反案有染。

吕惠卿的所作所为引起了包括宰相韩绛在内的朝中大臣的不满，很多人强烈要求王安石复出，他们认为，只有王安石才能控制吕惠卿。

熙宁八年（1075）正月，韩绛向神宗上了一道密奏，请求罢免吕惠卿，起用王安石。同时，他派人给王安石送去一份密函，说吕惠卿欲控告他谋反，叫他在七天之内赶到京城。七天之内，他可保这件事不爆发。

谋反罪是灭九族的大罪，谁要是与这桩罪沾了边，不但自己人头落地，九族之内的亲人也要跟着遭殃。

王安石接到韩绛的密函后，知道问题很严重，连夜从江宁出发，日夜兼程赶往京城。

路过瓜洲停泊小憩时，王安石立在船头远眺，想起变法运动，朝廷内部斗争尖锐，自觉前途迷惘，不由又触动了对家乡的情思，于是吟诗一首："京口瓜洲一水间，钟山只隔数重山。春风又绿江南岸，明月何时照我还？"

诗中"绿"字将无形的春风化为鲜明的形象，极其传神。从字面上看，该诗流露着对故乡的怀念之情，其实在字里行间也寓有着他重返政治舞台、推行新政的强烈欲望。

自从王安石出京之后，神宗似乎失去了主心骨，加之吕惠卿执政后，处事毫无章法，他便开始想念王安石了。韩绛告诉他，王安石不日将进京，奏请把吕惠卿控告王安石与谋反案有染的奏章暂缓处理。神宗本来就不相信这件事，故将吕惠卿的奏章压而不发。

王安石果然在七天之内赶到京城。进京之后，连夜进谒神宗。

神宗接见了王安石，并进行了长谈，他推心置腹地说："小人渐定，卿且可以为。"又说："固所望于卿。君臣之间，切勿存形迹，形迹最害事。"意思是他俩之间的关系还是属于亲密无间的。

第二天，王安石官复原职。王安石从罢相到复职，中间只隔了 8 个月的时间。

二、物是人非

王安石复职了，但吕惠卿没有放弃自己的野心，他不仅不协助王安石推行新法，反而处处设置障碍，成为王安石的掣肘，妄图搞垮王安石，取而代之。

螳螂捕蝉，黄雀在后。吕惠卿做梦也没有想到，正当他算计别人的时候，有人已将矛头指向了他，而这个人，就是曾经的政治盟友邓绾。

王安石复出之后，很多人想取媚于他，御史中丞邓绾便是一个最为典型的人物。

邓绾本来是王安石变法的助手，王安石罢职后，他倒向吕惠卿，成为吕惠卿的政治盟友，两人狼狈为奸，对王安石落井下石，干了一些见不得人的事，王安石复出之后，邓绾的处境很尴尬。他不可能在两人中间左右逢源，必须从中选一人作为自己效忠的对象。

邓绾是个聪明人，他知道吕惠卿不是王安石的对手，于是选择了王安石。为了弥补以前的过失，重获王安石的信任，邓绾决定反戈一击，出卖吕惠卿。他背着王安石，暗中与王安石的儿子王雱商量，控告吕惠卿勒索华亭商人铜钱 500 万缗。

御史蔡承禧也欲取悦于王安石，上表弹劾吕惠卿，说他欺君枉法，结党营私。神宗对吕惠卿已然厌恶，看了邓绾等人弹劾吕惠卿的奏章后，便将吕惠卿贬出京城，出任陈州知州。

改革局面峰回路转，王安石重新独揽宰相大权，似乎可以有所作为了。然而，此时的宋神宗已经是快30岁的人了，经过这些年变法改革，政治上、思想上越来越成熟，有了独立的思考和判断能力，不可能与王安石的想法完全一致。在用人方面，王安石和神宗之间的冲突开始显现。神宗想用时任权三司使的翰林学士沈括到兵部任职。王安石却认为沈括是奸佞之人，曾经在河北工作时反对推行新法，最终阻止其上位。另外，神宗想让判永兴军的前参知政事张方平出来担任枢密使这一要职，王安石也以此人反对变革为由予以阻止。

与此同时，王安石强行重用吕嘉问等神宗并不认可的新人，使得君臣二人的关系开始貌合神离。改革集团没有凝聚在王安石的共识之下，神宗对复出后的王安石大失所望。

王安石的个性执拗、不合作精神也表现在他和韩绛的无法共事上。应该说，在王安石复出的过程中，韩绛是有恩于他的。但王安石复出后，却常常在新法法令的实施与人事安排方面和韩绛针锋相对。比如，王安石不顾韩绛反对，强行安排一个叫刘佐的官员进市易司工作，以至于韩绛萌生去意，神宗劝他："兹小事，何必耳！"韩绛说："小事弗能争，况大事乎？"另外，王安石言语刻薄，也使韩绛很受伤。当韩绛提出市易司官员不能只关注"利"时，王安石暗讽韩绛既不"喻于利"，又不"喻于义"，不如爽快辞职的好。于是，韩绛上书托病请求离职，神宗批准了他的请求，命他出任许州知州，离开了改革集团。

至于邓绾，是个墙头草。吕惠卿得势时，他依附吕惠卿。吕惠卿失势时，他落井下石。等到王安石复相后，邓绾重新依附于他，并向神宗推荐王安石的家人上位。王安石重用如此这般的墙头草，毫无疑问是失察之举，也让神宗对王安石集团成员屡屡失望。可即便这样，王安石仍说邓绾"为国司直"。但神宗决心想罢免邓绾，王安石才说邓绾"为宰臣乞恩泽，极伤国体，当黜"，对罢免邓绾的理由说得极为勉强，相比较神宗给出的罢免邓绾的理由"翰林学士、权御史中丞邓绾操心颇僻，赋性奸回，论事荐人，不循分守"而言，两人的分歧已是不言自明。

改革派内部分裂，给王安石的打击是格外沉重的。宋神宗也不像前几年那样对王安石言听计从了，有时甚至不重视他的意见。王安石对神宗慨叹道："天下事像煮汤，下一把火，接着又泼一勺水，哪还有烧开的时候呢？"

王安石和神宗议论国事，每有抗辩多声色俱厉，搞得神宗经常为之动容甚至下不来台。于是，王安石的改革走到末路。

熙宁九年（1076）春，王安石因身体有病，屡次要求辞职。六月，王安石的儿子王雱壮年而逝，王安石悲痛欲绝，精神受到极大刺激，已无法集中精力过问政事，复求罢相。十月，在邓绾被罢知虢州18天后，神宗答应了王安石的请求，免了他的宰相职务，给他一个"判江宁府"的官衔。这是王安石担任一年零八个月宰相后，再次辞去职务，从此远离政坛。

三、赋闲金陵

王安石虽然出生在江西，却与南京有着不解之缘。他在南京度过青春时代，在南京三次任知府、两度守孝、两度辞相后居住，在南京先后生活了近 20 年，逝世后又葬在南京钟山脚下，他的父母兄弟死后也葬在南京。

王安石罢相后回到南京居住，起初还有个"判江宁府"的官衔，但他一直没有到知府衙门去视事，到第二年的六月，他把这个官衔也辞掉了，完全"裸退"下来。

王安石第二次罢相之后，虽然他自己反复推辞，但神宗皇帝还是给他保留了宰相的待遇，并依旧对他的生活关心与关注。然而，王安石只希望做一个平常的老人，过一种平凡的日子，完全把自己当作普通百姓。他在江宁城东门到钟山半道上的白塘，为自己建造了住宅，取名"半山园"。

在这一段时间里，王安石远离了政治纷争，寻找到了他想要的另一种生活，过起了悠游自在的隐居生活。

辞别京城时，宋神宗曾经送给王安石一匹好马充当脚力，回江宁后，王安石又买了一头驴。王安石游山玩水总是骑马或骑驴，从不坐轿；有人向他建议，年纪大了应该坐轿，骑马或骑驴不安全，王安石却说坐轿子是拿人当牲口，不习惯。元丰初年（1078），王安石的马不幸死了，他便专门骑驴，还雇了一位老兵给他牵驴。

在钟山四野，人们经常会看到一位长者，穿着普通的衣服，骑在一头黑驴上，旁边跟着一位迟钝的牵驴汉子。有一次，《清虚杂著》作者王定国恰巧碰见王安石骑驴而出，便上前问他准备去哪里，王安石回答："如果牵驴的老兵在前，就随老兵牵到哪里算哪里，如果牵驴的老兵在后，那么就由驴想去哪里就去哪里。"

王安石想走则走，想停则停，或者坐卧于松石之上，或者到山间农家访问，或者去南边的定林寺读书写作。王安石的口袋里经常带着书，他或者在驴背上背诵，或者在驴背上浏览。他口袋里还装着十多个烧饼，如果走饿了，便找个地方坐下来，王安石吃烧饼，然后老兵吃烧饼，再后是驴吃烧饼。

有一年盛夏，王安石在钟山骑着黑驴漫游，提刑李茂直前往山中候见，正好与王安石在山野小路上相遇。王安石从驴背上下来，与李茂直在路边坐着聊了很久。李茂直命手下人张伞遮阳，夕阳西下时，见有阳光漏在王安石身上，李茂直又命手下人"移伞就相公"，王安石却笑着摆手："不必移伞，他日我若转世做牛，还需一缕阳光伴我耕田呢。"

那辞官以后，王安石在南京做了些什么事呢？

第一，精心撰写《字说》等书。这是王安石在南京定林寺昭文斋中编写的文字训诂方面的书。他解字的方法主要有形、声、义、位四种，跟现代研究文字学方法相近似。元丰二年（1079），王安石60岁时，终于写成了《字说》这部书。他在书中继续寄托他的改革思想，在字里行间往往"美商鞅之能行仁政"，且为李斯的所作所为进行解释。他写《字说》是非常认真而又十分刻苦的，书桌上往往放着数百枚石莲，常常咀嚼来帮助思考、提提精神，有时石莲嚼完了，预定的章节还没完稿，就不自觉地咬手指头，直到出血也不自知。

第二，漫游交友。王安石的一生，非常热爱南京。他在南京期间，访遍了南京的山川名胜、古寺名宅，结交了许多高逸之友，其中有著名的书法家米芾，画家李公麟，文学家欧阳修、曾巩、苏东坡以及蔡天君、叶致远等。在定林寺昭文斋中，他结识了李公麟。据说王安石病重时，曾嘱咐李公麟为他画一张大的骑驴图，李公麟熬了整整十个昼夜，终于画出来了，送去的时候，王安石已逝世，李公麟用两只枯瘦的手拍打着灵柩，失声痛哭，抖抖索索地把那张特大的《王荆公骑驴图》挂在灵柩前面，众人都感动得掩面大哭。

四、诗兴禅趣

王安石的文章峭拔深刻，卓然自成一家，为"唐宋八大家"之一。他的诗词，"与众颇异，要之渊源风雅，洗削浮华，可谓无邪者也"。并由此创造了一种诗体"半山体"，清新雅致、随意洒脱。

退休后的王相公，沉浸于文学和诗歌的创作，写了许多美丽而深沉的诗篇词章，抒发了他的忧国爱乡之情。写钟山的诗尤其多，已发现有近百首。对钟山的景物，描写得细致入微。如《玉涧》诗:"涧水无声绕竹流,竹西花草弄春柔。茅檐相对坐终日,一鸟不鸣山更幽。"而《忆蒋山》一诗写得更为出色:"苍藤翠木江南山,激激流水两山间。山高水深鱼鸟乐,车马绝迹人长闲。云埋樵声隔葱蒨,月弄钓影临潺湲。黄尘满眼衣可濯,梦寐惆怅何时还。"他这样观察,这样描写,这样讴歌,是因为深深地爱上了钟山。

"登临目送,正故国晚秋,天气初肃。千里澄江似练,翠峰如簇。征帆去棹残阳里,背西风、酒旗斜矗。彩舟云淡,星河鹭起,画图难足。念往昔,繁华竞逐,叹门外楼头,悲恨相续。千古凭高对此,漫嗟荣辱。六朝旧事随流水,但寒烟衰草凝绿。至今商女,时时犹唱,《后庭》遗曲。"

这首《桂枝香·金陵怀古》,在写了金陵秀丽江山以后,感慨六朝兴亡及其历史教训。这是同一时期 30 多位词家所填《金陵怀古》中最好的一首,可算是千古绝唱。从这首词中,我们可以看到王安石的思想、才能之高,这首词就像他的为人一样在后人的脑海中久久回荡,时时怀念。

王安石晚年还与佛教禅宗结下了不解之缘。

王安石与佛教结缘甚早,年轻时就结交了许多高僧大德。他与蒋山觉海禅师的交情很深。觉海外表木讷而内隐慧珠,年轻时就与王安石成了好友,义若兄弟。王安石贵为宰相后,觉海因避结交权贵之嫌,特意疏远王安石。待到王安石辞官归隐,两人又和好如初,清谈终日。

王安石的长女颇有文才,出嫁后寄给父亲一首诗,以表达对远方亲人的思念。王安石接诗，给她寄去了一本《楞严新释》，劝她以佛法作为解脱，从中领悟诸缘如梦、不可执着之理。从中可见，晚年的王安石，把希望和兴趣都集中到佛教上了。

王安石忘情山水、潜心佛学，这种清心寡欲的生活和心境，使其作品的内容与风格都发生了很大的变化。在江宁十年间，他以诗言志，以诗说禅，引禅入诗，作了大量参禅悟道的禅理诗和雅丽清绝的写景诗。如泛论佛法之《梦》："知世如梦无所求，无所求心普空寂。还似梦中随梦境，成就河沙梦功德。"

诗人认为：世间如梦如幻、不可捉摸，故人应具有无所求之心。心无所求，则一念不起，清净空寂。这都是佛教的老生常谈，并无新意。然而王安石笔锋一转，指出世间既如梦幻，修行功德又何尝不是梦中之事呢？诗人以子之矛，攻子之盾，显示出了他独立思考的精神和无所不疑的风格。这首诗既有很高的艺术成就，也体现了他对佛教禅宗独到的见解。

如净性自悟之《读〈维摩经〉》："身如泡沫亦如风，刀割香涂共一空。宴坐世间观此理，维摩虽病有神通。"

作者在诗中指出，人生不过是四大和合而成，并无自性，如同泡沫与风，到头来终究梦境一场。不论是以刀寸割，还是涂以香油，不论感觉是舒适还是痛苦，在本质上都是空的，没有必要因此而产生憎爱和取舍。由此看来，维摩虽病，却能具有广大神通，入于解脱法门，令人心生敬意。

然而，诗人终究是诗人，以诗说禅只是王安石诗兴禅趣的一小部分。禅宗对他的影响更多的是表现在他那充满禅趣的写景诗上，他倾注全部精力讲究艺术技巧，在语言运用上更加精湛圆熟了。

禅宗有"娟娟翠竹，总是法身，灿灿黄花，无非般若"的话头，其意是禅无处不在。即处处能发现，时时心契合，从而达到参禅悟道的最高境界。这在王安石晚年的诗中常有出现。如《昆山慧聚寺次孟郊韵》中的"扫石出古色，洗松纳空光"；《游北山》中的"烟云藏古意，猿鹤弄秋声"。这些诗以轻倩之笔写淡远之思，追求空灵超然的情感，意境风格深蕴佛门妙道，在有意无意之间，透露出大自然无处不在的禅机。

王安石很多诗常用"闲"与"云"二字，以此表达他对闲居生活的快慰，如《游草堂寺》中的"只有春风似我闲"，《游钟山四首》之一的"山水空流山自闲"。诗人笔下的山水、溪鸟、春风或自闲，或与诗人共闲，或似诗人闲。空中的云彩飘忽不定，舒卷自如，来去自由，象征适意。诗人寓哲理于意象，以禅家淡泊宁静的平常心来对待生活的大起大落，从中表达了他对闲适生活的满足。

江宁钟山上，有一座宝公塔，王安石的长子王雱的祠堂就建在塔院内。一心向佛的王安石常去那怀念亡儿。一次扫墓后，他下决心将朝廷赐予的田产捐给寺庙，为儿子王雱"置办功德"。元丰七年（1084）春，一场大病后，他将"半山园"捐出来作为寺院，并由宋神宗命名为报宁禅寺。王安石把半山园及附近的几百亩田一律割给寺庙所有。他自己在这年秋天，另在秦淮河畔租了一个小小的独院居住。

五、溘然长逝

失去了王安石，朝廷大臣以为变法改革到此结束。没想到第二年，神宗就将年号改为元丰，从幕后走到前台，亲自主持变法。他以强硬的姿态对北宋的职官制度进行了重大改革。

首先，宋神宗对中央机构进行整改，使"台、省、守、监之官实典职事，领空名者一切罢去，而易之以阶，因以制禄"，适当合并机构，裁减官员，使官员名实相符，有职有权。

其次，宋神宗统一了全国官员的薪金，原来只领薪金的虚官，改为相应的阶级，以阶级领薪金，以便于对官员的考核和使用。

不过改制后，各级官员的行政效率没有提高，比过去还显得拖沓，神宗有些后悔。但由于冗员和冗散机构的裁撤，节省了两万缗的开支，神宗又颇感安心。

宋神宗没有想到，改革如此艰难，他扛住了一切压力，期盼着改革出一个崭新的北宋，让天下人都看看他没有做错。然而时间一天天过去，他所期盼的改革成果却一直没有实现。司马光甚至上奏章说："陛下日出视朝，继以经席入宫之后，省阅天下奏事，夜御灯火，研味经史。然孜孜求治，于今三年，而功业未著者，殆未得其体要故也。"意思是三年了，看把您辛苦的，结果啥用没有，纯属瞎折腾。这番话无异于当众羞辱宋神宗。

人事改革刚刚告一段落，西北边事又起。对于宋神宗而言，扫平西北一直是他的志向所在，于是在边将的建议下，神宗修筑永乐城（今陕西米脂西北）屯军，想要困住兴州的西夏军。不料西夏出动 30 多万大军围城，永乐城失陷，宋军将校 230 人、兵 12300 多人全部阵亡。战报传至汴京，神宗临朝恸哭，臣子莫敢仰视。整整 10 年的改革没有消磨掉宋神宗的斗志，一场战败却让他彻底垮掉。

元丰八年（1085）正月初，宋神宗病倒了，大臣们开始上疏劝他早日立储。这一道道奏疏就像催命符，预示他生命的大限已到。

回头看看这些皇子们，神宗既伤感又焦虑，14 个儿子有 8 个已经先他而去，如今最大的六皇子才刚刚 9 岁，他辛苦 18 年也无法带领北宋重现汉唐盛世，这个 9 岁的小皇子又能将这个国家带向何方呢？

可惜这个世界留给他的时间不多了，同年三月，年仅 38 岁的神宗带着深深的遗憾离开了这个世界。

宋神宗应该算得上是一个好皇帝，宋史评价他即位后"小心谦抑，敬畏辅相；求直言，察民隐，恤孤独，养耆老，振匮乏；不治宫室，不事游幸，励精图治，将大有为"。臣子曾劝他爱惜身体，他说："朕享天下之奉，非喜劳恶逸，诚欲以此勤报之也。"

远在南京的王安石，听到神宗去世的消息后，如五雷轰顶一般，不禁老泪纵横，极度悲伤。他马上命人到报宁寺请僧人诵佛经做法事，为神宗祈祷超度。王安石又怀着极其悲痛的心情写了两首《神宗皇帝挽词》。

将圣由天纵，成能与鬼谋。

聪明初四达，俊乂尽旁求。

一变前无古，三登岁有秋。

讴歌归子启，钦念禹功修。

城阙宫车转，山林隧路归。

苍梧云未远，姑射露先曦。

玉暗蛟龙蛰，金寒雁鹜飞。

老臣他日泪，湖海想遗衣。

　　王安石和神宗皇帝的关系不仅是一般的君臣关系，而且还有心心相印的知己朋友关系。这对君臣在变法大业上配合得相当好，没有神宗的决心和无比的信赖，王安石变法是绝对不可能实施的。没有王安石的魄力和杰出的政治才能、经济才能、军事才能、广博的学识和人格的感召力，变法大业也是不可想象的。神宗和王安石二人缺一不可。终神宗之世，对王安石信任恩宠不衰，这在历史上是很少见的。

　　宋神宗去世后，他9岁的儿子赵煦即位，改元元祐，是为宋哲宗，由高太皇太后垂帘听政，加王安石为司空。高太皇太后在神宗时就强烈反对变法，等到自己听政后，立即起用司马光为相，全面废除新法，史称"元祐更化"。

　　此时王安石正在金陵家中养病，当他闻悉朝廷废罢市易法、方田均税法、保甲法时，还能强作镇定，而当他知道免役法也要废罢，并且要照变法以前的旧样子复行差役法时，他愕然失声地说："这个政策能废除吗？当年，我与先帝反反复复探讨了两年的时间，才优化了这项方案，将之公之于众，颁布执行。这项举措非常周详，没有丝毫纰漏。免役法一废，天下还有真正的好政策吗？司马光怎么能这样做！"

本来王安石已身患重病，每况愈下，在得知新法被全面废除之后，他忧心忡忡，寝食难安。元祐元年（1086）四月初六，王安石在愁苦中闭上了双眼，长眠不醒。他带着自己利国利民的理想，离开了这个世界。一代治国奇才，就此陨落，享年66岁，葬于江宁半山园。

一代名相，随风而逝，身后寥落，难以想象。葬礼上，很多门生故吏为了避嫌而离开了，只有王安石的弟弟与少数门生来悼念。当时司马光做了宰相，写信给朝廷，说王安石学问道德没得说，可惜总喜欢生事，弄得身败名裂，但现在正是整顿纲纪时期，应该对王安石优加厚礼。于是，朝廷根据司马光的建议，追赠王安石为太傅，谥号"文"。

王安石不仅是一位杰出的政治家，同时也是一位卓越的文学家。千百年来，人们对王安石及其杰出的文学成就，几乎是众口一词地给予了高度评价。王安石的文学成就主要表现在诗文创作方面。其诗题材广泛，体裁多样，艺术上达到了很高的成就；其文结构谨严，析理透辟，语言简洁，笔力雄捷，被列为"唐宋八大家"之一。

第九章

冤家同行

一、王安石与司马光

司马光，字君实，世称涑水先生，北宋著名史学家、文学家。王安石与司马光都是神宗朝的名臣，两人在学识、品德、性格上有许多共同之处。王安石文采出众，为"唐宋八大家"之一，有许多文章、诗词流传于世，著有《王文公文集》。司马光文采也极高，有《温国文正司马公集》，但更为著名的是他编纂的史学巨著《资治通鉴》。

两人是朋友，朝堂之下，以礼相待。司马光在谈到他与王安石十多年的交往时，认为自己和王安石是益友，他在《与王介甫书》中写道："孔子曰，益者三友，损者三友。光不材，不足以辱介甫为友；然自接侍以来，十有余年，屡尝同僚，亦不可谓之无一日之雅也。"而王安石在《答司马谏议书》中说道："与君实游处相好之日久"，"无由会晤，不任区区向往之至"。

王安石任知制诰时，在为司马光升职所拟的诏书中，有"操行修洁、博知经术""行义信于朝廷，文学称于天下"等赞美之语。司马光钦佩王安石的学识，在给王安石的信中写道："介甫独负天下大名 30 余年，才高而学富，难进而易退，远近之士，识与不识，咸谓介甫不起则已，起则太平可立致，生民咸被其泽矣！"在他们各自的文集中，至今仍保留着许多互相唱和的诗赋。

《宋人轶事汇编》记载：司马光与王安石、吕公著、韩维，仁宗嘉祐年间同在从班，特相友善，闲暇的时候，多于僧舍或坊间聚会，往往谈论宴饮终日，他人少得参与，时人称作"嘉祐四友"。那个时代，司马光与王安石犹如灿烂的明星，交相辉映。他们都是才高一世、名重文坛的巨子，不仅才高过人，而且品德高尚，为人正直。

王安石和司马光都是古代为官的楷模，他们"不爱官职，不殖货利"，清正廉洁，朴素无华，不好声色，不喜奢靡，只不过王安石不修边幅，天性不会享受生活；而司马光则是有意识地过着朴实的生活，严格要求自己。

沈括《梦溪笔谈》卷九载："王荆公病喘，药用紫团山人参，不可得，时薛师政自河东还，适有之，赠公数两，不受。人有劝公曰：'公之疾，非此药不可治，疾可忧，药不足辞。'公曰：'平生无紫团参，亦活到今日。'竟不受。"

《宋史》记载了王安石拒贿之事。王安石喜爱收藏文房四宝，有一个地方官员投其所好，送来一方宝砚，并当面夸耀宝砚的好处：呵之即可得水。王安石听了后，笑着反问他："纵得一提水，又能值几何？"羞得那人无言以答，只好收起宝砚起身告辞。

朱彧《萍洲可谈》卷三载，王安石私宅中有一张藤床是公家的财物，是王安石当宰相时夫人吴氏借用的。罢相之后，小吏多次来索要，吴氏一直置之不理，家中的仆人只好悄悄地告诉了王安石。平素就邋遢惯了的王安石脱了鞋，光着脚丫子脏兮兮地在这张藤床上躺了很长时间。素有洁癖的夫人吴氏见了，赶紧用手捂着嘴巴，让人马上把这张藤床送还给官府。

王安石为宰相时没有私第，罢相后隐居金陵，后来干脆把宅院连同田产捐给寺院，最后只在秦淮河畔租了一个小院居住，仅能遮蔽风雨，四周连院墙都没有。

王安石一生不讲饮食，吃粗茶淡饭，穿破衣烂衫。他做宰相的时候，儿媳妇家的亲戚萧公子到了京城，就去拜访了王安石，王安石邀请他吃饭。萧公子暗想王安石是当朝宰相，一定会盛宴款待，于是他盛装前往。可是当入席时，一看菜肴都没准备。萧公子心里觉得很奇怪，喝了几杯酒，才上了两块胡饼，再上了四份切成块的肉，上饭后，又上了一份菜汤。萧公子很娇惯，只吃胡饼中间的一小部分，把四边都留下。王安石就把剩下的饼拿过来全吃了，那个萧公子很惭愧地告辞了。

司马光在这点上与王安石相似，也是性情淡泊，不喜奢华。司马光在洛阳编修《资治通鉴》时，居所极简陋，于是另辟一地下室，在那里读书写作。当时大臣王拱辰亦居洛阳，宅第非常豪华，中堂建屋三层，最上一层称朝天阁，洛阳人戏称："王家钻天，司马入地。"司马光在《训俭示康》中曾提到小时长辈给他穿华美的衣服，他总是害羞脸红而把它脱下。宋仁宗宝元初年（1038），司马光考中进士，朝廷规定，凡是中进士的人，都要参加一次"闻喜宴"，在参加宴会时，皇帝要赐给每位新中进士一朵大红花，大家都佩戴上大红花，以示荣耀。唯独司马光不戴花，一位同中进士的人告诉他说："君王赏赐的花，不戴不恭敬。"于是司马光才戴上一枝。

宋仁宗每年用于赠送、赏赐的东西，折合百余万钱之巨。当时作为谏官的司马光三次上书规谏："国有大忧，中外窘迫，在这财力困乏之际，不宜过度赏赐，实在必要的，应准许大臣用赏赐所得，捐献于营建山陵之用。"皇帝没有同意他的建议，司马光便把皇帝赏赐给自己的金银珠宝，拿出来作为谏院的办公费用，或接济亲友，坚决不留在自己家里。

司马光的朋友刘贤良拟用 50 万钱买一婢女供他使唤，司马光婉言拒之，他说："吾几十年来，食不敢常有肉，衣不敢有纯帛，多穿麻葛粗布，何敢以 50 万市一婢乎？"

有一次，陕州知州得知司马光要途经陕州，便派人带着几坛好酒追至渡口。司马光苦口婆心地说："我不是要谢绝知州的一片好心，但沿途很多苍生连饭也吃不饱，很多人用野菜果腹，我无意享受这琼浆好菜。"之后再无官衙为司马光设席送礼了。

司马光的妻子去世后，清贫的司马光拿不出给妻子办丧事的钱，只好把仅有的三顷薄田典当出去，尽了丈夫的责任。司马光任官近 40 年，而且官高权重，竟然典地葬妻，可见为官清廉。

北宋士大夫生活富裕，有纳妾蓄妓的风尚。司马光和王安石私生活都非常检点，不好声色，是极为罕见的不纳妾、不储妓之人。

王安石任知制诰时他的妻子吴氏为他买了一个小妾。那女子前去伺候王安石，王安石问："你是谁？"那女子说："我的丈夫是军中官员，运米时船沉，家中资产都赔上还不够，还要卖了我来补偿。"王安石问："夫人买你花了多少钱？"女子说："90 万钱。"王安石叫来她的丈夫，对他说："把你媳妇领走，90 万钱也不用退了。"于是，这对夫妇得以破镜重圆。

司马光婚后30余年，妻子张夫人没有生育，张夫人非常焦急。一次，她背着司马光买了一个美女，悄悄安置在卧室，自己再借故外出。司马光见了，不加理睬，到书房看书去了。美女也跟着到了书房，取出一本书问："请问先生，中丞是什么书呀？"司马光板着面孔，拱手答道："中丞是尚书，是官职，不是书！"美女很是无趣，大失所望地走了。还有一次，司马光到丈人家赏花。张夫人和丈母娘合计，又偷偷地安排了一个美貌丫鬟。司马光生气地对丫鬟说："走开！夫人不在，你来见我做甚！"第二天，丈人家的宾客都知道了此事，十分敬佩。张夫人终身未育，司马光就收养了哥哥的儿子司马康，作为养子。

神宗熙宁元年（1068），王安石被任命为翰林学士，和司马光再次成为同僚。但是，两人政见相反，一个是变法派的领袖，主持熙宁新政；一个是保守派的代表，反对熙宁变法。两人在变法问题上一直争执不休，在皇帝面前唇枪舌剑，争得面红耳赤。他俩的性格同样执拗，都是牛脾气，决意要做的事情，九头牛都拉不回。王安石推行新法，一意孤行，完全听不得同僚的反对意见，人称"拗相公"；司马光反对王安石变法，上台后废尽新法，也是一意孤行，被苏轼起了一个外号"司马牛"。

王安石和司马光在政治上是一对"死对头"，但他们的分歧是为国为民所忧的责任，两人争斗的目的都是为了改变北宋王朝积贫积弱的现状，实现富国强军、百姓安居乐业的治国理想和宏伟抱负，而非为了一己之私，所以他们是君子之争，体现出来的是坦荡的胸襟和无私的情怀。当司马光发现改革可能会给国家带来灾难时，他公开反对王安石变法。而作为朋友，他又三次给王安石写信，劝谕王安石不可"用心太过，自信太厚"，借此"以尽益友之忠"。可王安石变法决心已定，皇帝也支持他，司马光眼见无法改变局面，竟辞去朝廷职务，离开京城隐居洛阳，用了19年的时间编纂《资治通鉴》，以示不问政事。

曾有人劝司马光弹劾王安石，而司马光却一口回绝：王安石没有任何私利，为什么要这样做？以直言敢谏、弹劾王安石而闻名的吕诲去世后，司马光在为其写的墓志铭里，提到新法害苦了百姓。有人悄悄地弄到墓志铭的镌本献给王安石，想中伤司马光。不料，王安石看后并不生气，还将镌本挂在墙上，逢人就说："君实之文，西汉之文也。"关于变法之争，他们没有个人的恩怨和私利，而只有为国为民的耿耿忠心和君子之争。司马光说："光与介甫，趣向虽殊，大归则同。"王安石也说："议事每不合，所操之术多异故也。"所以，邵伯温很感慨："呜呼！二公之贤多同，至议新法不合绝交，惜哉！"

元祐元年（1086）五月，王安石去世。噩耗传到司马光耳中，他深为悲憾。他预感到王安石身后，可能会遭受世俗的鄙薄和小人的凌辱。他立即抱病写信给右相吕公著："介甫文章节义，过人处甚多……今方矫其失，革其弊，不幸介甫谢世，反复之徒必诋毁百端，光意以谓朝廷宜优加厚礼，以振起浮薄之风。"虽然对变法之举百般诋毁，但司马光对王安石的学识和人格仍然给了很高的评价，并提出要优厚抚恤，这也看出司马光的政治品格和君子风范。

同年十月，司马光病逝，朝廷追赠"太师"，封温国公，谥号"文正"。半年之内，两颗政坛和文坛巨星相继陨落，不能不说是一种历史巧合。

二、王安石与苏东坡

苏轼，字子瞻，号东坡居士，世称苏东坡。苏轼和王安石不仅同朝为官，而且都是大文学家，名列"唐宋八大家"。但是他们两人政见不同，王安石主张变法，而苏轼反对变法。在苏轼的人生历程中，王安石变法不仅是他仕途的转折点，也是其人生的最大转折点。

王安石于熙宁二年（1069）二月全面推行变法，苏轼于同年五月就作《议学校贡举状》进行反对；熙宁四年（1071）二月，又作洋洋万言的《上神宗皇帝书》，主张"结人心、厚风俗、存纲纪"。苏轼的正面主张属于老生常谈，但其总结历史、分析时事却纵横捭阖、雄辩滔滔。钱穆就指出过这一点：苏东坡的建设性意见几无可取，但他的批判性语言却才华横溢，非常富有感染力。宋神宗的改革决心都几乎为苏轼的笔头所动摇。然而，此时王安石仍能容忍苏轼。

直到苏轼做主考官，出题影射王安石利用宋神宗的信任独断朝纲，这越过了政治争论，属于离间君臣的"政治阴招"了，王安石才下决心把这面反变法旗帜逐出朝廷。

到了熙宁九年（1076），王安石急流勇退，归隐钟山。

就在王安石辞相归隐的第四年，也就是元丰二年（1079）三月，苏轼从徐州移知湖州，这位永远的政治反对派又在《湖州谢上表》中给自己找来政治麻烦。

苏轼在诗文中对朝廷政治一直不断评论。他在杭州当通判时，沈括作为钦差大臣到杭州检查农田水利建设，就曾在"与轼论旧"中抄走许多苏轼诗文，回朝后又把他认为有"政治问题"的诗文笺注呈报宋神宗。

这次在《湖州谢上表》中，苏轼又习惯性地发了几句牢骚。于是，李定、舒亶、何正臣等变法派新进官员轮番上表弹劾苏轼，给他扣上"愚弄朝廷、妄自尊大"等政治帽子。在强大的政治压力下，宋神宗不得不派人把苏轼抓进御史台监狱。

因汉代御史台官署内曾遍植柏树，树上常有数百只乌鸦筑巢，所以后人便把御史台称为"乌台"，苏轼此案也因之被称为"乌台诗案"。李定等人还鼓动时任宰相王珪，全力以赴地想置苏轼于死地。

在整个"乌台诗案"过程中，苏轼所属反对派政治大佬司马光等人都鸦雀无声，只有三人挺身而出救苏轼，一位是其弟苏辙，愿把自己的官职捐出来为兄赎罪，另外两位却都是苏轼的政敌：一位是他一生的"冤家朋友"章惇，另一位便是王安石。

王安石虽然退隐了，但宋神宗给了他特殊奏事权，王安石从来没有使用过这一特权，包括他的亲兄弟王安礼遭遇政治困厄，他也不曾向宋神宗言说半句。虽然李定和舒亶都是王安石提拔的改革派，但王安石非常反感这种"因言获罪"的政治斗争手法。

于是，王安石上书神宗说："安有圣世而杀才士乎？"意思是说皇帝立下的规矩是不杀士人，就是不能让读书人因为言论而获罪。王安石这句话保住了苏轼的性命，神宗最后决定宽恕苏轼，从轻发落，被贬黄州（今湖北黄冈）任团练副使。

元丰七年（1084）秋，苏东坡从黄州移汝州（今河南汝宁），在与其弟苏辙同游了一趟庐山之后，他特地绕道江宁，前来拜访已于8年前隐居钟山的退休宰相王安石。

在王安石第二次被罢相以后，苏轼对王安石是同情的，并产生和好的愿望。想到王安上曾是"乌台诗案"中被牵累者之一，王安礼还曾在神宗皇帝面前为他辩护过，因而他对王安石的两兄弟也是十分感谢的。

王安石也摒弃前嫌，抛却了过去不愉快的政治纠纷，与老友握手言和，邀苏东坡在金陵逗留一个多月，这成为文学史上的千古佳话。

这年秋日的一天，金陵渡口，风尘仆仆的苏东坡，见到了披蓑戴笠、骑着毛驴的王安石。一同陪伴王安石前来的还有其兄弟王安上、王安礼和好友王胜之。

苏东坡连忙作揖说："我今天穿着村野衣服见大丞相。"

王安石笑着说："咱们之间还用讲什么礼数吗？"

苏轼回撑了一句："我也知道，反正丞相你的门下是用不着我的。"

王安石无话可说："不如我们去看风景吧！"

就这样，苏东坡和王安石在南京相伴游山玩水、谈诗论佛，度过了两人一生中最甜蜜最温和的一段美好时光。传说有一次两人来到一片碑林，见一处石碑有点倾斜，王安石便说："此碑东坡想歪！"苏东坡当即反唇相讥道："当初安石不正！"

苏东坡离开金陵时，王安石送给他一个治疗头痛的偏方。苏东坡到达真州后，曾给王安石写过两封信，王安石一一回复，并劝他"跋涉自爱"，意重情深。苏轼对王安石的治学、文采大加赞赏，直到离开金陵四个月后，还在不断为他写诗："骑驴渺渺入荒坡，想见先生未病时。劝我试求三亩宅，从公已觉十年迟。"

王安石送走苏东坡后，对人说："不知更几百年，方有如此人物！"

元祐元年（1086）四月，王安石病逝。此时苏轼任中书舍人，奉命以皇帝名义起草诰命《王安石赠太傅制》。苏轼在写此文时，是在经受新党压制多年后青云直上之时，作为旧党中的一员大吏而起草这份文件的，但他没有以旧党的口吻全盘否定王安石，而是巧妙地评价了王安石，对他的事业、学术、文章表现了高度的理解与推崇，"智足以达其道，辩足以行其言；瑰玮之文，足以藻饰万物；卓绝之行，足以风动四方"，反映了苏轼秉心至公和阔大的胸襟。

七月，苏轼奉敕祭西太一宫，见王安石旧题壁诗，写了两首和诗，其中一首曰："但有樽中若下，何须墓上征西。闻道乌衣巷口，而今烟草萋迷。"意思是说，只要有美酒，不需要什么身后之名，现在金陵乌衣巷口附近你的旧居，可能已变得萧条荒凉了。忆起前年，自己与王安石还在金陵饮酒，共赏秦淮月，而今阴阳两隔，多么令人伤感！表达了苏东坡对王安石深切的缅怀和悼念之情。

三、王安石与范仲淹

王安石比范仲淹小 32 岁，两人年龄相差很大，是两代人，实际上范仲淹与王安石的父亲王益是同一年进士，但两人身上却有太多的共同点——都是才华横溢的文人，都是有志于改革弊政的政治家。早在庆万年间王安石任签书淮南节度判官，刚走上工作岗位时，就在旅途中读到了范仲淹为枢密副使的新闻，和所有人一样，王安石也期待着范仲淹可以一洗朝廷旧貌，所以十分兴奋，提笔写下了《读镇南邸报癸未四年作》一诗，诗中有两句："太平谈可致，天意慎猜嫌。"可见王安石的眼光何等高远，仅作为一个刚刚踏入政界的小青年，竟然预见到新政如果得不到皇帝的支持，一切将都是白费。

所以王安石日后变法时，只要神宗有所动摇，王安石必不怕口舌，据理力争，如果说服不了神宗，王安石便提出辞职。因为王安石早已看得很清楚，在大宋王朝干事，没有皇帝的支持，一切都是白费。

王安石任鄞县县令时，曾写下《上范资政先状》等文章，用"粹玉之彩，开眉宇以照人；缛星之文，借谈端而饰物"等语，表达了对范仲淹的仰慕。

庆历新政失败后，王安石非常关注范仲淹的去向，当范仲淹被贬知杭州，正处于事业低萎期，其他人避之唯恐不及时，王安石却接连给范仲淹写了三封信，对范仲淹推行改革的勇气表示佩服，希望范仲淹有朝一日还可以东山再起，再执相柄为民造福，并表示要到杭州去看望范仲淹。但是等王安石到杭州时，范仲淹已经接替富弼移知青州了。

范仲淹也很欣赏王安石，他知青州路过颍州时，特向朝廷推荐吕公著、王安石和司马光三人。

在青州，范仲淹派人进太白山去采青金石，为自己磨制青金砚，亲自用小楷抄写了几份韩愈的名篇《伯夷颂》，分别送给文彦博、富弼和欧阳修等政界名流，表明自己将要向伯夷学习，虽然改革大业失败，但依旧要做个很有清名的人。这也是范仲淹一贯的作风，颇有点无奈的味道。范仲淹还是希望仁宗皇帝哪天突然再次想起他，重返朝廷。然而，仁宗晚年经常犯病，再没有想到重新起用范仲淹，相反，还经常让他调动，不得安生，最后范仲淹于皇祐四年（1052）五月，病死在赴颍州的途中。

当时，王安石正在舒州通判任上，他闻讯十分哀痛，专门写下了《祭范颍州仲淹文》。王安石一共写过37篇祭文，其中，这篇祭文篇幅最长，他称颂范仲淹说："呜呼我公，一世之师。由初迄终，名节无疵。"直接说自己就是范仲淹的粉丝。

王安石早年就对庆历新政很感兴趣，当年他在赴舒州任所途中，特地绕道拜会了贬放青州的范仲淹。王安石不避风尘来到青州见到范仲淹时，范仲淹已垂垂老矣。

范仲淹听说王安石来访，非常高兴，在侍女的搀扶下，由儿子范纯仁陪着，站在门口等着王安石。两人到客厅坐定，王安石便就庆历新政的一些问题向范仲淹请教："新政甚得民心，且有皇帝支持，为什么失败得这么快？主要症结在哪里？请范公指示。"

范仲淹两眼混浊，语音含糊，说话时断时续，听王安石提到新政，不禁感触良多。他对王安石说："新政最大的失策，可能就在于我们先拿各级官员开刀。此举虽然得民心，但是却失掉了官心，纵有皇上支持，但仍步步险阻，失败已是定局。"说到这里，范仲淹长吸了一口气。范仲淹短短几句话，却对王安石触动很大。这里不能不提宋朝的用官制度。

宋朝的文官制度下，文人一旦读书出了头，就可以在官场上一直混下去，基本实行的是干部终身制。虽然规定了高官在70岁后退休，但很少得到执行，文彦博80多岁还在做官。欧阳修因为身体的原因，不到70岁就提出退休，竟然在政界引发了不小的声潮，盛赞欧阳修不恋权。

宋朝官场好混，有几个方面的因素，其中最主要的一点是能做官的人太少。正因为无人可用，所以当时被范仲淹撤的那些高官，换了个岗位继续当官，并且立即变成了新政的死敌，这一点，王安石也看到了。所以，王安石后来在变法中，并没有像范仲淹一样先拿官员开刀，而是先从经济入手，并大力改革科举制度，希望能在短期内培养出大量合格的人才来，那样才能向官员开刀。这应该是王安石从范仲淹那里得到的最有效的信息。

拜会完范仲淹，王安石心事重重地告辞了。范仲淹由侍女搀扶，在范纯仁的陪同下，一直把王安石送到门外，和王安石挥手告别。

应该说，范仲淹没有反对王安石的理由，他们根本没有政治接触，更没有利益冲突，最多两人在谈论变法策略时，可能有一点观念上的不同而已。以王安石的脾气，一旦有不同观念，极有可能引发争论，因为他对谁都不会唯唯诺诺。

据此估计，如果王安石和范仲淹发生过争论的话，很有可能是针对王安石在鄞县放青苗收息是否得当的问题。一旦他们之间真的发生过一点争论，肯定会影响陪在一旁的范纯仁对王安石的看法。

范纯仁为了服侍范仲淹，一直拒绝出去当官，直到范仲淹死后服满才出山。日后范纯仁当谏官时处处与王安石抬杠，神宗为此亲自找范纯仁谈话："王安石一直以范公为师，你何必处处与他过不去？"范纯仁回答说："臣不敢以私废公。"

范仲淹在自己的文集中，没有提到过王安石一个字。难解的是，林语堂先生为了壮大反王安石阵营队伍，把范仲淹也列为王安石的政敌。

四、王安石与欧阳修

欧阳修是北宋著名的政治家、文学家、史学家，是北宋古文运动的主要代表人物，"唐宋八大家"之一。

王安石是欧阳修的晚辈后生，欧阳修的学生、王安石的好友曾巩多次向欧阳修推荐王安石。欧阳修被贬滁州时，读到曾巩带来的王安石新作，非常欣赏，称赞不已，甚至认为"此人文字可惊，世所无有"。至和元年（1054），欧阳修给宋仁宗写奏章夸奖王安石，请求仁宗皇帝破格提拔。嘉祐元年（1056），欧阳修又给仁宗写了一篇奏章，夸"王安石德行文学为众所推，守道安贫，刚而不屈……久更吏事，兼有时才"（欧阳修《荐王安石吕公著札子》），意思是说王安石文章好，人品也好，不贪图富贵，不屈从权贵，又在基层干过很多年，特别熟悉民情，工作能力特别强。

尽管欧阳修对王安石非常赏识，但二人一直无缘得见。直到嘉祐元年（1056）秋天，朝廷任命王安石为群牧司判官，王安石不受，朝廷派欧阳修出面做王安石的思想工作。欧阳修终于同王安石有了会面的机会，两位文豪相谈甚欢，惺惺相惜。而在聚会之后，欧阳修写下《赠王介甫》一诗，送给王安石。

> 翰林风月三千首，吏部文章二百年。
>
> 老去自怜心尚在，后来谁与子争先。
>
> 朱门歌舞争新态，绿绮尘埃试拂弦。
>
> 常恨闻名不相识，相逢樽酒盍留连？

欧阳修这首诗中充满了对王安石才华的赞赏之意，并将王安石引为知音，还对王安石寄予了厚望。而王安石拜读了这位文坛前辈赠诗，自然也是有所感触的，于是便写下了《回赠奉酬永叔见赠》一诗，送给欧阳修。

> 欲传道义心犹在，强学文章力已穷。
>
> 他日若能窥孟子，终身何敢望韩公。
>
> 抠衣最出诸生后，倒屣尝倾广座中。
>
> 只恐虚名因此得，嘉篇为贶岂宜蒙。

不过，当欧阳修读到王安石回赠的诗后，噗嗤一下笑了："王介甫误解我用的典故了，'吏部文章二百年'，我指的是谢朓（南朝诗人，曾任尚书吏部郎，故称谢吏部），沈约曾与之书，称赞他的诗二百年来无此作也。如果是韩愈，在时间上来说，迄今何止二百年？"

王安石听说了这件事情之后，哈哈大笑道："欧阳公读书不多啊！"那么，王安石为何会笑博学多才的欧阳修读书不多呢？

第一，欧阳修只知沈约赞谢朓之诗作"二百年来无此作"，却不知晚唐孙樵也曾赞美韩愈的文章"二百年来无此文"，而韩愈名气比谢朓大得多。

第二，李白以诗闻名，韩愈是古文大家，一诗一文，再加上李、韩同为唐朝人，对仗更为工整。

第三，即使是从时间上来讲，韩愈生于768年，逝于824年，距1056年是232年，诗作之中取其整数200年，是相当正常的事；谢朓生于464年，逝于499年，沈约生于441年，逝于513年，距1056年有500多年了。

　　就这几个原因而言，王安石理解为韩愈，是正确而妥帖的，而这便是为何王安石笑欧阳修读书不多的原因。

　　第二年的春夏之交，王安石离开京城，知常州。欧阳修刚刚出使契丹归来不久，他百忙之中为王安石饯行，还请了好朋友大诗人梅尧臣作陪。这时的欧阳修非常看重王安石，在给朝廷的推荐信中，一再强调王安石是个值得培养的青年干部，安贫乐道，刚正不屈。

　　王安石很感激，等他到常州任职之后，给欧阳修写了一封信，感谢前辈的知遇之恩。所以两人交往甚密，不论是在政治上还是在文学上，两人都是互相切磋、互相学习。

　　饶有意味的是，欧阳修在庆历改革时，站在改革的一边，而在王安石变法时，他则是站在反对变法的一边。以欧阳修的性格而言，一旦主见确立，是没有人能改变的。而王安石性格之拗是出名的，也是九牛拉不回，不仅如此，谁要是成为变法的绊脚石，他是一定要将其扫地出京的。为了推行变法，司马光、韩琦、富弼、范缜、苏轼、苏辙，一个个从朝廷被贬了出去。

　　欧阳修是坚决反对变法的，自然也受到打压排挤。欧阳修也是个犟脾气，他在地方为官，直接抵制青苗法，这让王安石大为恼火。欧阳修还不肯罢休，给神宗上疏要求终止青苗变法，也给王安石写信，要求停止青苗变法。制止未果，而朝廷又有官员参劾他，欧阳修心灰意冷，上书要求早日致仕。按不成文的规定，宋代官员70致仕，而欧阳修其时才60岁。因此，有官员冯京提议留住欧阳修，不让他过早退休。而对欧阳修所作所为非常不满的王安石，则断然否定："修善附流俗，以韩琦为社稷臣。如此人，在一郡则坏一郡，在朝廷则坏朝廷，留之何用！"所以，欧阳修65岁以太子少师、观文殿学士退休。

王安石与欧阳修因变法交恶。

欧阳修致仕一年多，就因病去世。此时，王安石是当朝宰相，正在推行变法。他为此而写了一篇《祭欧阳文忠公文》：

"惟公生有闻于当时，死有传于后世，苟能如此足矣，而亦又何悲！如公器质之深厚，智识之高远，而辅学术之精微，故充于文章，见于议论，豪健俊伟，怪巧瑰琦。其积于中者，浩如江河之停蓄；其发于外者，烂如日星之光辉。其清音幽韵，凄如飘风急雨之骤至；其雄辞闳辩，快如轻车骏马之奔驰。世之学者，无问识与不识，而读其文，则其人可知。

呜呼！自公仕宦四十年，上下往复，感世路之崎岖；虽屯邅困踬，窜斥流离，而终不可掩者，以其公议之是非。既压复起，遂显于世；果敢之气，刚正之节，至晚而不衰。"

王安石在这篇祭文中，对欧阳修在学术上、政治上的贡献，给予高度评价，认为他从政40年，知进知退，保住了晚节。

第十章　　多重性格

王安石

——毁誉千年的大改革家

一、天真可爱

在我们的印象当中，王安石是个不苟言笑，没什么情趣的人。其实，生活中的王安石是个非常天真的人，常常被朋友们取笑，而他自己往往还会当真。

王安石变法，重在敛财赚钱。有个小人就给他出了一个馊主意说，梁山泊有 800 里的湖面，可以将这 800 里的水都抽干，这样我们就有了 800 里的良田，那还愁粮食不够吃吗？王安石一听，非常高兴，觉得这真是一个好主意。可是过了一会儿，他回过味儿来了说：不对呀，梁山泊的水抽干了，可是这 800 里的水放到哪儿去呢？这时候他的朋友刘贡父正好也在座，顺口就说，那还不简单，就在梁山泊这 800 里良田旁边，再挖一个 800 里的梁山泊，把水放进去不就好了？王安石一听，哈哈大笑，觉得自己刚才有点儿傻。

王安石特别喜欢出谜语。有一次，他跟吕惠卿一起闲坐，出了一个谜语：画时圆，写时方，冬时短，夏时长，猜一个字。吕惠卿笑着说，我也给你出个字谜，谜底就是你这个字：东海有一鱼，无头亦无尾，更除脊梁骨，便是这个谜。王安石大笑说："果然惠卿知我。"这个字就是"日"。

王安石第二次罢相之后，退居江宁。他常常外出闲逛，特别喜欢到村子里转转。其中有一个姓张的老头，跟他关系很好。每次到张老头家门口，他就敲门大声叫：张公在不在？张老头应声答道：是相公吧？相公，既是古代妻子对丈夫的称呼，也是对宰相、官员和读书人的尊称。王安石一听乐了，装作很沮丧的样子说：唉！我当了那么多年的宰相，原来只跟你差了一个字。你叫张公，我叫相公。

　　有一次，刘贡父去王安石家找他聊天谈事，当时王安石正在吃饭，便让人将刘贡父带到书房稍等。刘贡父看到砚台底下压了一摞书稿，是王安石写的。拿起来一看，是论兵的。刘贡父是个好开玩笑的人，而且记忆力超强，把文章看了一遍，就背下来了，然后不动声色地将书稿压回到砚台底下，坐在椅子上静静等待着。过了一会儿，王安石吃完饭回来，两人坐下聊天。王安石问，你最近都干吗呢？写了什么文章？刘贡父说最近对兵法比较感兴趣，写了一篇论兵的文章，不过还没有写完。王安石因为自己正在写这方面的东西，一听很感兴趣，忙问刘贡父是怎么写的，主要观点是什么。刘贡父就把王安石书稿的内容都背了出来。王安石一听，傻眼了，自己写的东西不都是人家写过的了吗？于是索性把自己的文章给撕掉了。从这件事可以看出来，王安石是一个完美主义者，要存在的必须是完美的，如果不完美，就没有存在的价值，这个想法同样很天真、很可爱。

二、邋遢专注

　　王安石天真、可爱，同时也很率性，不愿意受束缚，所以在生活上很邋遢，很不讲究，有时甚至到了令人瞠目结舌的地步。

王安石
——毁誉千年的大改革家

王安石从不修边幅，很长时间都不洗澡，衣服脏了破了旧了也不换洗。早在任淮南签判时，每天都是一副邋遢样，还因此跟韩琦产生了误会。后来他在京城任群牧司判官时，他的好友吴充、韩维都在京城做官。他们知道王安石的这个毛病，就约定每一两个月即到定力院洗沐，每家轮流拿出新衣服，给他替换，称作"拆洗王安石"。而王安石每次洗完澡出来后，见到新衣服拿来就穿上，也不问是哪儿来的。

有一次上朝，一只虱子在王安石的胡子上爬来爬去。宋神宗看到后笑了起来，王安石也不知怎么回事。退朝以后，王安石问一同上朝的宰相王珪："皇上为什么笑啊？"王珪告诉他原因后，王安石赶忙让随从给他把虱子拿下来。王珪说："未可轻去，当献一言颂虱之功。"又说："屡游相髭，曾经御览。"意思是，这只虱子真的很厉害，曾经在宰相的髭角畅游，也曾经接受过皇帝的检阅。王安石听后不禁大笑。

还有一次，一个朋友的母亲去世了，王安石乘船到朋友家中去吊唁。坐上船以后，他才发现自己的腰上是一条红色的腰带，这可怎么办？正好看到边上有个随从，腰上有一条黑色的腰带，就将那黑腰带解下来，自己系上。等吊唁完毕之后，又将自己的红腰带换了回来。

古往今来，很多不同凡响的人物对生活的细节都不大关注。因为他们不是按照生活的规则来做事的，而是按照自己的性格来做事的，这跟普通人是一个很大的区别。王安石忽略某些事情，就必然会专注另外一些事情，尤其是那些他自己认为重要的事情。

　　王安石酷爱读书，经常手不释卷。他在常州做知州的时候，按照惯例，宴客时会组织看戏等娱乐活动。王安石看戏时从来都是面无表情，没什么反应。但是有一次大会宾客，就在大家都在安安静静看戏的时候，王安石却突然放声大笑，把大家吓了一大跳。于是管事的把演戏的人叫到跟前，说："你的表演竟然能使太守开怀大笑，应该重重有赏。"旁边有人觉得不对劲儿，觉得王安石好像不是被戏班子逗笑的，于是问王安石为什么笑。王安石说："我是想到一本书上的两句话，此前我一直对这两句话百思不得其解，刚才突然豁然开朗，所以特别高兴，不自觉地笑了出来。"王安石对于自己关注的事情是高度集中注意力，对不关注的事情则熟视无睹。

　　还有一次，下人告诉王安石的夫人，说王安石喜欢吃鹿肉丝，王夫人非常好奇，与他相伴这么多年，从来没听王安石说过喜欢吃鹿肉丝啊，便问下人是如何得知他爱吃鹿肉丝的。下人回答说："一桌子菜，他只把鹿肉丝吃光了。"夫人问他鹿肉丝摆在什么地方，下人又答："摆在他的面前。"夫人便告诉他："你下次换别的菜在他面前试试。"于是第二天，下人把鹿肉丝摆在别的位置，结果王安石没吃一口鹿肉丝，而是把摆在自己面前的菜吃光了。对于王安石来说，哪个菜离得近，他就吃哪个，而且他未必知道自己吃了什么，也许他以为吃的还是鹿肉丝呢。王安石就是这样一个专注的人。

三、执拗倔强

王安石是一个坚持原则的人，他对原则问题决不肯随波逐流。他在群牧司做判官的时候，顶头上司是包拯，当时司马光也在群牧司工作。有一回群牧司的牡丹盛开，包拯请司中官僚饮酒赏花，亲自举酒劝客。司马光不爱喝酒，也不擅长饮酒，但是当着上司包拯的面也还是喝了一点，但王安石却不为所动，从头到尾，在座的不管能不能喝酒、会不会喝酒、喜不喜欢喝酒的人都喝了，只有王安石一个人，始终没有喝一口酒。

坚持原则是王安石的优点，可以让他不受干扰，坚持下去搞变法。然而当过于坚持原则时，就会产生反作用，成了"一根筋"。他这种"一根筋"性格，非常明显地体现在变法过程中，独断专行，不容异见，最终导致变法严重受挫。

当然，王安石变法失败是多种原因造成的，史学界看法不一。但就心理学而言，可归结为王安石人格偏执，刚愎自用，不善团结各方人士，对变法造成了很大的负面影响，最终以人废事。

王安石的"拗"是出了名的。他有个不算雅致的外号——拗相公。这是说只要王安石认定的事情，九头牛也拉不回来。王安石性格偏执，表现出种种的偏激行为，给人际沟通及合作带来极大的阻碍。

过于执着就意味着不太能接受别人的意见，不易改过。王安石跟曾巩私交不错。有一次神宗问曾巩："听说你跟王安石很早就认识，你说说，王安石是个什么样的人啊？"曾巩说："我这朋友吧，要论才情、论学问、论文学，跟汉代的扬雄比也不差。可是他这个人很吝啬。"神宗觉得奇怪，王安石是一个富贵尚且不能动摇的人，从来不贪恋富贵，怎么会吝啬呢？曾巩回答道："我说的吝啬是指王安石这个人'勇于有为，吝于改过'。他勇于做事，可是在改正自己缺点的时候特别吝啬。他不喜欢听别人说自己不好。"听了曾巩这番议论，神宗也不由得点头表示赞成。

王安石是那种为了目标和理想可以放弃一切的人，其中就包括生活情趣和个人享受，也包括私谊和朋友。王安石在变法过程中一贯我行我素，导致很多朝中大臣与他决裂。为了变法，王安石树敌无数，从老师到学生，从朋友到同僚，从举荐他的人到他举荐的人，很多人最后都站在了他的对立面。这当中有人原来是他的靠山，如韩维、吕公著等人；有人原来是他的荐主，如文彦博、欧阳修等人；有人原来是他的上司，如富弼、韩琦等人；有人原来是他的朋友，如范缜、司马光等人；也有人原来是他的学生，如郑侠等人。他们都因为不同意王安石的某些做法而被逐一赶出朝廷。政敌们无法从他的道德、品行上攻击他，就攻击他不讲个人卫生，不刷牙洗脸换洗衣服，还说他脑子不好使，一桌子菜永远只吃面前的那一盘。甚至有篇署名为苏洵所著的《辨奸论》，就描述王安石"衣臣虏之衣，食犬彘之食"，"囚首丧面而谈诗书。"意思是说他穿着囚犯一样的衣服，吃着牲畜才会吃的食物，蓬头垢面，竟然还在那里心安理得地论诗谈史。作者还以此断言王安石将来必为"大奸大恶"。

心理学上认为，偏执类型的人，一般都具有强烈的自尊心，且十分敏感，固执己见，自命不凡。此外，人格偏执的人，还十分缺乏同理心，不能站在他人角度考虑问题，易将错误推诿他人或找种种客观原因。凡此种种，都会使当事人在待人处事中表现出偏向、偏见、偏信、偏好、偏激行为，并给其人际沟通及合作共事带来极大的阻碍。

王安石由于偏执的人格，既不善于听取不同意见，也不善于团结各方面力量，因而树敌过多。这不但陷自己于不利境地，也累及神宗不能充分调动各方面力量来完成"熙宁变法"的大业。

熙宁四年（1071），开封知府韩维报告说，境内民众为了规避保甲法，竟有"截指断腕者"。宋神宗就此事问王安石，不想王安石竟回答："这事靠不住。就算靠得住，也没什么了不起！那些士大夫尚且不能理解新法，何况老百姓！"神宗皇帝听了颇为不悦地说："老百姓的意见和想法如果是对的就应该听，怎么能完全不听不顾他们的意见呢？"王安石仍是不以为然，因为在他看来，就连士大夫之言都可不予理睬，更何况是什么民言！王安石如此极端地看问题，难怪人们都称他为"拗相公"。

四、淡泊名利

王安石考中进士时，当朝宰相是晏殊。他也是一代文宗，范仲淹、欧阳修都曾经得到他的提拔和重用。晏殊与王安石是老乡，都是江西抚州人。因此，当王安石与其他几位新科进士一起去拜见晏殊时，晏殊将王安石单独留下来，称赞他品行端正，学问优秀，又说同乡中有你这样杰出的青年，真是我莫大的光荣啊！王安石听了也没有什么特别的表示，只是礼貌地表示感谢。不久后晏殊又请王安石吃饭，对他特别礼遇，并且语重心长地说："日后你必定也能坐到我这个位置。现在我有两句话送给你，只要你能宽容别人，别人也就能宽容你。"这样的语气，明摆着不是王安石在巴结晏殊，而是晏殊这个宰相在主动地跟王安石套近乎。换成一般的年轻人，立刻就得感激涕零，拍着胸脯表忠心，但王安石只是轻轻地点点头，有一搭没一搭地应承着。等回到旅馆，叹口气说："晏殊作为朝廷大臣，怎么能够教给年轻人这些东西，未免太浅薄了！"

从一般人的眼光来看，晏殊的这番话肯定是出于鼓励提携年轻人的好意，并没有什么问题。但是，对于王安石而言，科举的主要目的不是为了做更大的官，而是要做大事，实现治国平天下的理想，以这样的标准来衡量晏殊的言论，王安石自然觉得他有点儿肤浅了。因此，王安石这样的反应，不能说是不识抬举，而是他有着更高的期待。这也说明王安石不是一个见风使舵、左右逢源的人，他始终有自己的定见。

王安石追求的并不是做大官，而是要做大事，正因为有着这样的原则，所以他对于权力、名位等看得极淡。王安石刚做宰相的时候，家里来了好多人给他祝贺，对此王安石很不喜欢。当时有个官员叫魏泰，跟他关系挺好，王安石就从旁边取了一张纸，写了一首诗给魏泰，其中有两句是这么说的："霜筱雪竹钟山寺，投老归欤寄此生。"意思是说，江宁下了很大的雪，把竹子都遮住了，夜晚听到钟山寺庙里的钟被悠悠地敲响，听着这样的钟声，我才知道，原来这个地方是我将来终老和归隐的真正地方。至于这个京城、这个地位对我来讲，都只不过是为了完成我的心愿和志向。

后来王安石不做宰相了，回到钟山。魏泰前去看望他，两个人闲聊，说起了当时王安石的这首诗。王安石看着魏泰，轻轻地敲了敲桌子说，你看我当初说得没错吧。

事实上，王安石从开始考科举，到后来做宰相，推行变法，他的人生观价值观一直都是非常明确的，做人的原则也是很清晰的，他不为功名利禄而做官，只为做事而做官。所以当他做了宰相，别人都在为他祝贺的时候，他心里边想的却是将来要归隐钟山，是要享受不同寻常的人生境界。

透过这些逸闻趣事，我们对王安石有了比较全面的认识。他不只是历史教科书里推行新法的冷面宰相，而是一个性格丰富的人。他天真、专注、执拗、讲原则，有时倔得可爱，有时又让人生畏，他对理想的执着让人热血沸腾，而过分"一根筋"又让人惋惜不已。如此鲜明的个性，既是优点也是缺点。然而唯有这样优点与缺点并存，才是一个有血有肉的千古名相。

第十一章　千秋争议

王安石
——毁誉千年的大改革家

一、身后荣辱

纵观中国的历史上倡导变法的人，无论是成功还是失败，其个人的归宿都是很悲惨的，王安石似乎是结局最好的一位，至少他不像商鞅那样被车裂，也没像后来的张居正被掘墓。

元祐元年（1086），王安石去世后，虽然朝廷追赠王安石为太傅，但由于当时的政治压力，不仅使王安石的丧事办得极为潦草，而且也没有为王安石撰写墓志铭和神道碑，曾经叱咤风云的一代文豪和名相，就这样在寂静中黯然西归。

王安石这一生，与熙宁变法紧紧地连在一起。然而，就是因为这场变法，近千年以来，有人捧他，也有人踩他，言辞非常极端，褒贬不一。

王安石去世后，司马光对王安石的道德、文章进行了肯定，而对王安石的政治改革进行了全盘否定。熙宁、元祐时反对派批评新法，把王安石的诸项新法称为"聚敛害民"，把王安石的理财思想视作"剥民兴利"，同时期只有黄庭坚对王安石的评价是"视富贵如浮云，不溺于财利酒色，一世之伟人也"。

元祐八年（1093）九月，宋哲宗赵煦亲政后，身边的大臣多是王安石的门生故吏，他们想继承遗志，恢复熙宁新法和元丰改制，并于次年四月下诏，改元"绍圣"。绍圣元年（1094），王安石配享神宗庙。后来继位的宋徽宗，非常推崇熙宁变法，在王安石的老部下蔡京的建议下，于崇宁三年（1104），王安石配享孔庙，政和三年（1113）又被追封为舒王，配享大成殿，与颜子并列，位在孟子之上，其子王雱从祀。遭到过冷遇的王安石，因变法之功得到了朝廷的承认，并给予了文人死后的最高荣誉。

可是好景不长，金国人打来了，宋徽宗不能强兵治国，不敢承担国家灭亡的责任，便传位给宋钦宗，宋钦宗也不能扭转局面。蔡京倒台后，王安石父子从祀孔庙遭到保守派的反对，靖康元年（1126）宋钦宗登基，开始了对王安石等新党官员的批判。有人就曾公开表示"蔡京误国的源头就是王安石"。以程门立雪而闻名于世的右谏议大夫杨时上书皇帝，蔡京祸国殃民令人痛恨，但要为蔡京祸国负主要责任的就是王安石，因为蔡京就是王安石起用的，并指责王安石学术荒谬，是邪说淫词，应当罢王安石从祀。于是，朝廷削王安石"舒王"封号，毁去王安石配享偶像，移出大成殿，送两庑从祀。

不久，金军攻克开封，北宋灭亡。宋高宗赵构登基称帝，南宋建立。当时，作为宋徽宗第九子的赵构想尽办法找一个"背锅侠"减轻父皇对北宋灭亡的罪责，在这一政治风向的引导下，对王安石等新党官员批判的呼声就越来越高了。1134年，赵构让编纂《宋神宗实录》的范冲给王安石变法定调子。范冲认为，北宋灭亡的罪魁祸首是奸臣蔡京，而非宋徽宗。但王安石等新党官员也要为北宋灭亡负很大责任。这是因为蔡京是王安石变法的积极参加者，没有王安石变法，也就没有蔡京上升的政治空间，更不会有蔡京在宋徽宗时期蒙骗皇帝，祸国殃民。

于是，在赵构的支持下，南宋官方的史书给王安石定了反调。这一定谳对于后世产生了深远影响。淳熙四年（1177），李焘上书宋孝宗，要求罢去王安石的孔庙从祀，遭到变法派的反对，最后王安石的儿子当了替罪羊，被赶出了孔庙。保守派对王安石从祀仍不甘心，淳祐四年（1244），宋理宗终于下令："王安石谓天命不足畏，祖宗不足法，人言不足恤。为万世罪人，岂宜从祀孔子于庙庭？黜之！"就这样，王安石也被赶出了孔庙。

南宋整体上对王安石和他的变法都持否定态度，这成为判断一个人政治立场的标尺，上自皇帝，下至平民，都不敢越雷池一步。

不过，出乎当时人们的意料，朱熹却大胆地跨出了这一步。朱熹多次批评王安石及其后学"学术不正"，"坏了读书人"。朱熹整体评价不可能太高，但是朱熹对王安石个人给予了相当肯定。朱熹是南宋最著名的思想家和大学者，经由他开创和发展的宋明理学，几乎成为后来中国儒学的主流意识形态。由于朱熹在思想史上的巨大影响力，所以他的评价就影响到了后代。

南宋以后，王安石变法总体上是被否定的。比如，元朝史官照单全收南宋官方对王安石等新党官员的评价，将章惇、吕惠卿、蔡确等官员列入《宋史奸臣传》，王安石尽管没有被列入奸臣，但元朝官方对王安石的评价是全面否定的。明末清初的大学者王夫之认为王安石的"三不足"之说是"祸天下而得罪于名教"。

但是，人们对王安石的部分新法措施则有不同程度的肯定。在诸新法措施中，科举改革、免役法、保甲法、保马法得到较多的肯定。

持肯定态度的在南宋有陆九渊，元朝有吴澄、虞集，明朝有陈汝锜、章衮，入清后有颜元、李绂、蔡上翔、杨希闵、龚自珍、陆心源等。蔡上翔以为"荆公之时，国家全盛，熙河之捷，扩地数千里，开国百年以来所未有者。南渡以后，元祐诸贤之子孙，及苏程之门人故吏，发愤于党禁之祸，以攻蔡京为未足，乃以败乱之由，推原于荆公，皆妄说也。其实徽钦之祸，由于蔡京。蔡京之用，由于温公。而龟山之用，又由于蔡京，波澜相推，全与荆公无涉。"

这些人给王安石以高度评价的原因主要有两点：其一，他们大都是江西临川人，对王安石的褒扬，实际上是中国古代尊重和敬仰乡贤优良传统的一种表现；其二，颜元、龚自珍肯定王安石及其变法，与他们和王安石有着相近的思想分不开。

到了明清之际，虽然距离王安石的时代已经过了几百年，但是对王安石及其变法，多数人依然持否定性的评价。明朝和清朝的皇帝继续坚持南宋官方对王安石、章惇等新党官员的负面评价，将王安石、章惇等人视为"奸臣"。这其中，有两位皇帝的评价尤为值得关注。他们对王安石的改革变法大加鞭挞，甚至跳脚大骂。第一个便是朱元璋。

王安石在变法时曾经力图主张先发展经济，让国家富裕之后再收归人心，可是朱元璋却认为王安石此举有悖于圣论，认为只有收归人心，才能让国富民强，故此朱元璋极度瞧不起王安石。乾隆皇帝亦是如此，他对于王安石的评价只有两个字——"矫情"。王安石在变法时，总是以辞官的名义对皇帝进行威胁，甚至让神宗亲自向其道歉。乾隆皇帝一向注重君臣之礼，在等级森严的清朝，王安石的做法简直是"大逆不道"，乾隆皇帝对其的否定，除了自己的偏见之外也具有一定的政治目的。

二、近世评价

历史似乎是一个任人打扮的小姑娘，对一些重要人物的评价随着社会的需要而不断变化。王安石作为中国历史上的改革家，他的历史评价经历了多次起伏，这些起伏之下，是社会深层次的需求与秩序的变化。不同层次的评价者对他的评价方式也不同，政治家看到的是政治的利弊，哲学家看到的是正义与正统，民间看到的是关于他私德的段子。

而王安石的历史评价得到转变则是到了晚清民国。坚船利炮打开了中国国门，也打开了大清国的人心。千年未有的大变局之下，人人思变，人们才重新评价王安石变法的正面意义，并给王安石、章惇、吕惠卿等新党官员以全面客观的评价。王安石的形象从"奸臣"一跃成为了"改革家"，时人开始推崇王安石，龚自珍在殿试对策中即仿效王安石《上仁宗皇帝言事书》，撰写《御试安边抚远疏》，梁启超更是直接写了一部《王荆公》，力陈变法之宜，为王安石及其变法彻底翻案。

梁启超给予王安石全新的评价："若乃于三代下求完人，惟公庶足以当之。以不世出之杰，而蒙天下之垢。"他把青苗法和市易法看作近代"文明国家"的银行，把免役法视作"与今世各文明国收所得税之法正同""实国史上，世界史上最有名誉之社会革命"，还认为保甲法"与今世所谓警察者正相类"。著名学者胡适也有类似的评价。蒋介石也表示对王安石的欣赏："至于秦汉以后的政治家，所最佩服的就是王安石。"梁启超的《王荆公》是20世纪评议王安石及其新法影响最为持久的著作，其后研究者虽然也涉及王安石及其变法的方方面面，但梁启超的肯定性评价为大多数人所尊奉，而成为20世纪前半叶的主流观点。

三、当代观点

新中国成立后，对于王安石的研究彻底脱离儒家史观，得到更进一步的发展。1949年以来，史学界对王安石有三种评价：肯定说、否定说和不完全肯定说。

新中国成立后研究王安石变法并产生较大影响的学者，当推著名宋史学家邓广铭先生和他的门人漆侠先生。他们在肯定王安石及其变法的性质上与20世纪前半叶的肯定又不尽相同，其特点是：一是注重强调王安石变法的思想性，即把王安石变法置于宋代特定的时代历史环境中。二是对王安石变法的效果基本持肯定态度，即王安石变法实现了富国强兵，推动了宋代社会生产力的发展和历史的前进。三是对司马光及其反对派的否定，认为以司马光为首的守旧派的政治运动阻碍了历史的前进。这是对自南宋初以来是司马光而非王安石的传统观点的彻底否定，也与梁启超的近代评价有所不同，梁启超对王安石变法的翻案并未否定司马光。四是王安石变法的失败原因一般归结为保守势力的强大、变法派内部的分裂以及宋神宗的动摇和过早的去世。

"文化大革命"中王安石被作为法家的杰出代表，把其变法看作是儒法斗争的典型事例而遭到批判和否定。在 1973—1976 年 10 月间，相关文章共发表 150 多篇。文章作者大致可分为三类：一是"四人帮"的宣传班子，专门为"四人帮"制造舆论，他们炮制的文章虽然不多，但分量甚重，犹如重磅炸弹，一时影响极大，如罗思鼎《从王安石变法看儒法论战的演变——读〈王荆公年谱考略〉》。二是工厂、学校和部队的理论小组和学习小组撰写的文章，都根据"四人帮"的调子，上纲上线，无学术意义可言。三是一些专家、学者经受不住强大的政治压力，违心地跟着撰写了一些著作和文章。

1977—1979 年学术界发表了二三十篇文章批判和矫正"四人帮"对王安石及其变法的扭曲，并力图澄清一些基本史实，还原历史的本来面目。

1980 年，《中国社会科学》发表了宋史专家王曾瑜先生的《王安石变法简论》，对王安石变法的再评价随之热烈展开。肯定说基本承接了 20 世纪五六十年代以来的肯定性意见。否定说又有两种不尽相同的意见，第一种是对五六十年代肯定观点的全盘否定：王安石不应算作中小地主的代表，王安石变法的客观效果是加重了农民负担，阻碍了商品经济的正常发展，变法期间社会矛盾依然尖锐，一句话，王安石"富国有术，强兵无方"，应予以基本否定。另一种否定意见是以全盘否定王安石，全面肯定司马光，亦即"尊马抑王"为其特色的。不完全肯定说，一方面充分肯定王安石变法是中国古代的一次重要改革活动，具有明显的进步意义。变法期间生产有所发展，财政状况好转，基本上达到了富国的目的。另一方面，亦指出新法实施过程中在政治上和经济上给劳动人民增加了新的负担。对王安石变法与商品经济发展的关系也是肯定的，认为对商品经济发展起了积极影响，又承认对商业活动的发展有不良影响。

在国外，美籍历史学家黄仁宇认为，王安石变法之所以未能取得成功，是因为当时社会发展尚未达到足以支持这项改革试验成功的程度。王安石的多项改革，不容于当时的官宦文化，也缺乏有关技术能力而无法取得成功。王安石的变革思想以及在他之前和之后所有改革家的思想，是人类思想反抗的文明成果，正是这些成果，使人类有了摆脱野蛮统治的可能和方向。

时至今日，史学界对王安石变法的评价，乃至对王安石、章惇、吕惠卿、蔡确等新党官员的评价仍然存在一定的争议。但今天的大部分史学家已经能站在历史的高度，整体看清王安石变法前北宋王朝面临的一系列社会问题，并普遍认为王安石变法对北宋富国强兵起到了正面的推动作用。

而王安石、章惇、吕惠卿、蔡确等官员也是希望国家强大的正面官员，他们和蔡京为政治投机参与变法形成了鲜明的对比，将他们与蔡京并列，列为所谓的"奸臣"，这显然是不公平的。

公允而论，在王安石变法前，北宋的"三冗"问题非常严重，庆历新政又戛然而止。北宋王朝需要一场富国强兵的改革运动，而宋神宗、王安石、宋哲宗、章惇等为了国家富强而高度负责的君臣们在这样的背景下走上历史舞台，他们顶着巨大的争议，颁布包括青苗法、免役法在内的一系列法律，增加宋朝的财政收入，让宋军在军事上取得了一系列胜利。直至宋哲宗执政后期，北宋国力蒸蒸日上，并多次打败西夏入侵，甚至打得西夏叩首求和，造就了北宋历史上最辉煌的时期。即使王安石变法出现问题，也只是执行中的问题以及新法中的漏洞，我们不能因为这些问题和漏洞而否定变法，否定王安石、章惇、吕惠卿、蔡确等官员的贡献，更不能把他们和奸臣蔡京画等号。

四、当代价值

作为历史洪流下的齿轮，大多数人都只能对于王安石窥见一斑，希望读者能够尽量跳出时代的局限，去仔细思考不同时期对于王安石不同评价潮流的社会内涵和意义，而不是甘于成为"当局者"沉迷其中。

王安石变法是在北宋特殊历史时期和历史环境之下的历史行为，对于当代社会而言，变法本身的内容，早已没有太多参考价值，但是，王安石这个人物的现实意义却在不断增值。对我们现在的人来说，王安石有着卓然独立的伟大价值，那就是变革的精神！这是王安石对于中国文化最大的贡献。只求稳定，不谋发展，这是中国古代社会中的一大弊端，但是王安石却在一千年前打破了这样一个万马齐喑的格局。他的变革绝不仅仅是坐而论道，而是采取了果断的行动。他既是一个理论家、学问家，同时又是一个卓越的实践家。不仅如此，他还有超越常人的胆识，有精心运筹的策略以及为这个策略而从事的一系列组织实施工作。所以，从某种意义上来说，王安石是一个非常完美的政治家、思想家。他给中国历史、中国文化带来巨大的不可磨灭的影响力，他的光芒超出文学的范围，也超出了政治的范畴。他是思想史上的常青树，他像大海一样为中国文化提供着源源不断的滋养。这便是王安石最有价值的地方。

附　录

王安石生平年表

宋真宗天禧五年（1021）十一月十二日出生于临川军（今江西抚州）。

仁宗天圣八年（1030），王益以殿中丞知韶州（今广东韶关），王安石随父至韶州。

明道二年（1033），王益回临川为母报丧，王安石随行。

景祐三年（1036），王益守丧期满赴京城吏部销假，王安石随行。

景祐四年（1037）四月，王益通判江宁府（今江苏南京），王安石随行。

宝元二年（1039）二月，王益卒于江宁通判任上。

庆历二年（1042）三月，王安石举进士第四名，签书淮南节度判官。

庆历七年（1047），王安石被任命为鄞县知县。

皇祐三年（1051），王安石调任舒州（今安徽潜山）通判。

至和元年（1054），王安石自舒州赴京，特授集贤院校理，辞不受。

嘉祐元年（1056）九月，除群牧司判官。

嘉祐二年（1057）五月，改太常博士，知常州。

嘉祐三年（1058）二月，任提点江东刑狱之职。十月回京，任三司度支判官。

嘉祐六年（1061），为工部郎中、知制诰、纠察在京刑狱。

嘉祐八年（1063）三月，仁宗崩，英宗（赵曙）立。八月，王安石母吴氏逝于京师，十月归葬江宁。

治平四年（1067）正月，英宗崩，神宗（赵顼）立。诏以故官知江宁府。九月，召为翰林学士。

神宗熙宁元年（1068）四月，自江宁入京。神宗越次召见王安石。

熙宁二年（1069）二月，以谏议大夫参知政事。颁行均输法、青苗法。

熙宁三年（1070）十二月，拜同中书门下平章事、史馆大学士，与韩绛并相。立农田水利法、保甲法。

熙宁五年（1072），行市易法、户马法、方田均税法。

熙宁六年（1073），提举经义局。九月，熙河大捷，神宗解玉带赐之。

熙宁七年（1074）四月，以吏部尚书、观文殿大学士出知江宁府，新法遭遇首次挫折。

熙宁八年（1075）二月，复拜同平章事、昭章馆大学士。六月，进加左仆射，兼门下侍郎。

熙宁九年（1076）六月，子王雱卒。十月，罢为镇南军节度使、同平章事、判江宁府。

元丰元年（1078）正月，进尚书左仆射，封舒国公。

元丰三年（1080）九月，加特进尚书左仆射、门下侍郎，改封荆国公。

元丰七年（1084），乞以宅为寺，赐名"报宁"。

元丰八年（1085）三月，神宗崩，宋哲宗（赵煦）即位。新法先后废罢。

哲宗元祐元年（1086）四月初六，王安石病逝，朝廷追赠太傅。

后 记

　　这本小书能够完稿，首先感谢赵维宁编辑，他对本书的编写给予了很多的鼓励和指导，使笔者受益匪浅。其次还要感谢笔者的爱人王芳女士，她在搜集资料、文档编辑、核稿校对过程中做了大量工作，付出了很多辛苦。此外，本书编写中借鉴和参阅了大量的文献作品，从中得到不少启发和感悟。正是得益于前辈学者的劳动成果，才使本书有许多翔实案例，在此向相关专家、学者以及资料的提供者表示最诚挚的敬意。由于笔者水平有限，书中错误之处在所难免，敬请读者批评指正！